中国共产党
百年法治大事记

（1921年7月—2021年7月）

中央全面依法治国委员会办公室

人民出版社
法律出版社

编写说明

2021 年是中国共产党百年华诞。一百年前,中国共产党的诞生像光芒四射的灯塔,给近代以来饱受战乱、灾难深重的中华民族和中国人民带来了无限光明和希望,指明了前进道路和方向。百年征程波澜壮阔,从 1921 年到 2021 年,是党领导人民进行革命、建设、改革的伟大实践,迎来从站起来、富起来到强起来伟大飞跃的一百年,也是党领导人民追求法治、探索法治、建设法治、推进法治、厉行法治,迎来坚持全面依法治国、建设社会主义法治国家的一百年。

习近平总书记在党的十八届四中全会、党的十九届二中全会、中央全面依法治国委员会第一次会议、中央全面依法治国工作会议、庆祝中国共产党成立 100 周年大会、党的十九届六中全会等不同会议、场合,多次对党在不同历史时期领导法治建设的历程和成就,作出重要概括和论述。为了系统反映百年来党领导人民探索开辟中国特色社会主义法治道路的光辉历程,全面展示百年来党领导法治建设取得的重大成就,突出反映百年来党为推进国家法治建设作出的重大贡献,深入总结百年来党依法治国、依法执政、依规治党的历史经验，充分彰显党矢志不渝建设法治中国的决心意志，中央全面依法治国委员会办公室牵头组织编写了《中国共产党百年法治大事记》(以下简称《大事记》)。

《大事记》编写坚持以马克思列宁主义、毛泽东思想、邓小平理论、"三个代表"重要思想、科学发展观、习近平新时代中国特色社会主义思想为指导，全面贯彻党的十九大和十九届历次全会精神，深入学习贯彻习近平法治思想，弘扬伟大建党精神，坚持马克思主义唯物史观，坚持党性原则与科学精神相统一、历史逻辑与理论逻辑相统一，以庆祝中国共产党成立一百周年为宏阔背景，采用编年体形式，从我们党一百年来团结带领人民创造的新民主主义革命、社会主义革命和建设、改革开放和社会主义现代化建设、新时代中国特色社会主义的伟大成就中，选取具有重大意义、发挥重大作用、产生重大影响的法治理论和实践方面的重大历史事件，力求做到全面系统、重点突出，统筹兼顾、详略得当，实事求是、准确客观，通过丰富史实展现我们党领导人民在不同历史时期不断深化法治建设理论和实践的历史轨迹。

《大事记》的公开出版，为广大党员干部群众深入学习理解我们党百年法治探索奋斗史提供了宝贵资料、生动教材，有助于更加深刻认识把握我们党的百年奋斗重大成就和历史经验，更加深刻认识把握习近平法治思想的理论渊源、实践基础、丰富内涵、重大意义，更加深刻认识把握我们党一百年来坚持推进马克思主义法治理论中国化的历史进程，更加坚定走中国特色社会主义法治道路的信心干劲，深刻认识"两个确立"的决定性意义，增强"四个意识"、坚定"四个自信"、做到"两个维护"，在全面建设社会主义现代化国家新征程上，为全面依法治国、建设法治中国开拓进取、不懈奋斗！

中央全面依法治国委员会办公室
2022 年 4 月

目　录

新民主主义革命时期

1921 年 ………………………………… 2

1922 年 ………………………………… 4

1923 年 ………………………………… 6

1924 年 ………………………………… 7

1925 年 ………………………………… 8

1926 年 ………………………………… 10

1927 年 ………………………………… 11

1928 年 ………………………………… 14

1929 年 ………………………………… 17

1930 年 ………………………………… 18

1931 年 ………………………………… 19

1932 年 ………………………………… 22

1933 年 ………………………………… 24

1934 年 ………………………………… 25

1935 年 ………………………………… 27

1936 年 …………………………………… 29

1937 年 …………………………………… 30

1938 年 …………………………………… 33

1939 年 …………………………………… 35

1940 年 …………………………………… 37

1941 年 …………………………………… 39

1942 年 …………………………………… 41

1943 年 …………………………………… 43

1944 年 …………………………………… 45

1945 年 …………………………………… 47

1946 年 …………………………………… 49

1947 年 …………………………………… 51

1948 年 …………………………………… 53

1949 年（1 月—9 月）………………… 57

社会主义革命和建设时期

1949 年（10 月—12 月）……………… 62

1950 年 …………………………………… 66

1951 年 …………………………………… 71

1952 年 …………………………………… 74

1953 年 …………………………………… 76

1954 年 …………………………………… 79

1955 年 …………………………………… 83

1956 年 …………………………………………… 85

1957 年 …………………………………………… 89

1958 年 …………………………………………… 91

1959 年 …………………………………………… 93

1960 年 …………………………………………… 95

1961 年 …………………………………………… 96

1962 年 …………………………………………… 97

1963 年 …………………………………………… 98

1964 年 …………………………………………… 99

1965 年 …………………………………………… 100

1966 年 …………………………………………… 101

1967 年 …………………………………………… 102

1968 年 …………………………………………… 103

1969 年 …………………………………………… 104

1970 年 …………………………………………… 105

1971 年 …………………………………………… 106

1972 年 …………………………………………… 107

1973 年 …………………………………………… 109

1974 年 …………………………………………… 110

1975 年 …………………………………………… 111

1976 年 …………………………………………… 113

1977 年 …………………………………………… 114

1978 年（1 月—12 月）…………………………… 115

改革开放和社会主义现代化建设新时期

1978 年（12 月）················· 118

1979 年 ······················· 120

1980 年 ······················· 124

1981 年 ······················· 127

1982 年 ······················· 129

1983 年 ······················· 135

1984 年 ······················· 138

1985 年 ······················· 141

1986 年 ······················· 143

1987 年 ······················· 146

1988 年 ······················· 150

1989 年 ······················· 154

1990 年 ······················· 157

1991 年 ······················· 159

1992 年 ······················· 161

1993 年 ······················· 165

1994 年 ······················· 169

1995 年 ······················· 172

1996 年 ······················· 175

1997 年 ······················· 178

1998 年 ······················· 182

1999 年 ······················· 185

2000 年 …………………………………… 190

2001 年 …………………………………… 193

2002 年 …………………………………… 196

2003 年 …………………………………… 201

2004 年 …………………………………… 205

2005 年 …………………………………… 207

2006 年 …………………………………… 210

2007 年 …………………………………… 213

2008 年 …………………………………… 217

2009 年 …………………………………… 220

2010 年 …………………………………… 222

2011 年 …………………………………… 224

2012 年（1 月—11 月）……………………… 227

中国特色社会主义新时代

2012 年（11 月—12 月）…………………… 232

2013 年 …………………………………… 235

2014 年 …………………………………… 242

2015 年 …………………………………… 256

2016 年 …………………………………… 269

2017 年 …………………………………… 281

2018 年 …………………………………… 291

2019 年 …………………………………… 304

2020 年 …………………………………… 314

2021 年（1 月—7 月） ………………………… 327

新民主主义革命时期

　　这一时期,我们党在团结带领人民浴血奋战、百折不挠,创造新民主主义革命伟大成就的历史进程中,领导制定了《中华苏维埃共和国宪法大纲》《陕甘宁边区宪法原则》《中国人民政治协商会议共同纲领》以及大量刑事、民事、土地、人权、劳动、文教卫生、财政金融等方面的法律法令,建立了审判机关、检察机关、侦查机关,基本形成较为完整的司法组织系统,创造了"马锡五审判方式"、人民调解制度等,提出党内法规概念并制定、运用党内法规管党治党,培养造就了一支政法干部队伍,在立法、行政、司法、守法等方面进行了大量卓有成效的探索,为新中国成立后开展社会主义法治建设积累了宝贵经验,为推翻"三座大山"、建立人民当家作主的中华人民共和国、实现民族独立和人民解放发挥了重要保障作用。

1921 年

7月23日 中国共产党第一次全国代表大会在上海开幕。最后一天的会议转移到浙江嘉兴南湖的游船上举行。大会确定党的名称为"中国共产党",通过中国共产党的第一个纲领和决议。纲领提出,革命军队必须与无产阶级一起推翻资本家阶级的政权;承认无产阶级专政,直到阶级斗争结束,即直到消灭社会的阶级区分;消灭资本家私有制,没收机器、土地、厂房和半成品等生产资料,归社会公有;联合第三国际。纲领是党的历史上第一部党内法规,具有党章性质。决议提出,在反对军阀主义和官僚制度的斗争中,在争取言论、出版、集会自由的斗争中,党应采取独立的政策以维护无产阶级的利益。大会选举产生中央局,陈独秀为中央局书记。

党的一大宣告中国共产党正式成立。中国共产党的成立,是中华民族发展史上开天辟地的大事变,深刻改变了近代以后中华民族发展的方向和进程,深刻改变了中国人民和中华民族的前途和命运,深刻改变了世界发展的趋势和格局,具有伟大而深远的意义。从此,中国共产党领导人民在革命、建设、改革的伟大实践中开启了追求法治、探索法治、建设法治、推进法治、厉行法治的壮阔征程。

8月11日 中国劳动组合书记部在上海成立。这是党领导工人运动的第一个公开机构。1922 年 5 月 1 日至 6 日，根据党的决定，由中国劳动组合书记部发起，在广州举行第一次全国劳动大会。大会通过《八小时工作制案》《罢工援助案》《全国总工会组织原则案》等决议案。

9 月 27 日　在党的领导下，浙江萧山衙前村农民大会召开，通过《衙前农民协会宣言》和《衙前农民协会章程》，中国第一个新型的农民组织正式成立。

1922 年

6 月 15 日　中共中央发表《中国共产党对于时局的主张》。指出,解决时局的关键,是用革命手段打倒帝国主义和封建军阀,建立民主政治。提出,采用无限制的普通选举制;保障人民结社集会言论出版自由权,废止治安警察条例及压迫罢工的刑律;定保护女工的法律及一般工厂卫生工人保险法;定限制租课率的法律;改良司法制度,废止肉刑;承认妇女在法律上与男子有同等的权利等原则。这是党第一次向社会各界公开自己的政治主张。

7 月 16 日—23 日　中国共产党第二次全国代表大会在上海举行。大会通过《中国共产党第二次全国代表大会宣言》,第一次提出明确的反帝反封建的民主革命纲领,区分了最高纲领和最低纲领;初步阐明了现阶段中国革命的性质、对象、动力、策略、任务和目标,指明了中国革命的前途。大会选举产生中央执行委员会,中央执行委员会推选陈独秀为委员长。

大会通过的《中国共产党章程》,是党成立后的第一部党章,对党员条件、党的组织和党的纪律作了具体规定,体现了党的民主集中制原则。

8 月　中国劳动组合书记部发布《关于开展劳动立法运

动的通告》,动员全国工人广泛开展劳动立法运动,并制定《劳动立法原则》,提出劳动立法的四项原则,即保障政治上自由、改良经济生活、参加劳动管理、劳动补习教育。同时制定公布《劳动法案大纲》十九条,包括承认劳动者有集会结社、同盟罢工等权利,实行八小时工作制,保护女工,禁止雇用童工,保障劳动者的最低工资等内容。

9月14日—18日 安源路矿1.7万多名工人在毛泽东、李立三、刘少奇等组织领导下举行罢工,取得胜利。罢工宣言提出保障工人权利、增加工资、改善待遇、废除封建把头制等17项要求。

1923 年

1 月 广东海丰县农会在彭湃领导下成立。这是我国的第一个县农会,内设财政、教育、仲裁等部。其中,仲裁部是进行调解、裁判,解决纠纷,具有一定司法性质的机构。

6 月 12 日—20 日 中国共产党第三次全国代表大会在广州举行。大会明确规定共产党员以个人身份加入国民党时,党必须在政治上、思想上、组织上保持自己的独立性。大会选举产生中央执行委员会,中央执行委员会选举组成中央局,陈独秀为委员长。

大会通过《中国共产党第一次修正章程》,严格了党员入党手续,第一次规定新党员的候补期制度。大会还通过《中国共产党中央执行委员会组织法》,第一次规范了中共中央的组织机构、职权分工和工作制度。

7 月 中共中央第二次发表《中国共产党对于时局之主张》。指出,只有国民会议才能真正代表国民,才能够制定宪法,才能够建设新政府统一中国。

10 月 中共中央颁布《教育宣传委员会组织法》。这是中国共产党比较早的一份专门关于宣传工作、带有党内法规性质的规范性文件。

1924 年

5 月 10 日—15 日　中共中央执行委员会扩大会议在上海召开。会议通过《共产党在国民党内的工作问题议决案》，并就党、团关系问题，党内组织及宣传教育问题，在农民、士兵间的工作问题等作出决议。

11 月 19 日　中共中央第四次发表《中国共产党对于时局之主张》，号召全国人民团结起来，努力促进国民会议的召开。到 1925 年春，在国共两党共同推动下，全国各阶层人民和工会、农会、学生会、商会、妇女会等群众团体，纷纷组织国民会议促成会，强烈呼吁由国民决定国家大事，召集国民会议制定宪法，铲除封建势力，建立民主共和政体，反对段祺瑞政府召开的善后会议。

1925 年

1月11日—22日 中国共产党第四次全国代表大会在上海举行。大会提出无产阶级在民主革命中的领导权问题和工农联盟问题,对民主革命的内容作了更加完整的规定。大会选举产生中央执行委员会,中央执行委员会选举组成中央局,陈独秀为总书记。

大会通过《中国共产党第二次修正章程》,在党的历史上第一次明确规定以支部作为党的基本组织。大会还通过《对于组织问题之议决案》,规定党的组织体制是中央集权制,组织原则是民主集中制;将党的组织建设的重点从执行委员会和地方委员会转移到党的支部建设上来。

5月1日—7日 第二次全国劳动大会在广州召开,中华全国总工会成立。大会通过《中华全国总工会总章》,宣布取消中国劳动组合书记部,由中华全国总工会统一领导全国的工会。大会还通过工人阶级与政治斗争、工农联合、经济斗争、组织问题等决议案。

5月30日 党领导的反对帝国主义暴行的五卅运动在上海爆发,并迅速席卷全国,约1700万各阶层群众直接参加运动,到处响起"打倒帝国主义""废除不平等条约""撤退外国驻华的海陆空军"的口号,标志着大革命高潮的到来。

6 月—翌年 10 月 党在香港、广州两地领导举行省港大罢工。在罢工斗争中建立起一套完整的组织体系,省港罢工工人代表大会为省港罢工工人最高议事机关,省港罢工委员会是最高执行机关,下设财政、纠察、法制等机构。其中,纠察队设军法处、会审处等司法审判组织,会审处审判案件实行合议制和公开制,后来又建立起陪审员制,并在审判中严禁滥施私刑。在罢工斗争中还制定了《省港罢工工人代表大会组织法》《省港罢工工人代表大会会议规则》《省港罢工委员会组织法》《纠察队委员会组织法》《纠察队军法处组织法》《会审处组织法》《会审处办案条例》《会审细则》等一系列法令。

10 月 中共中央执行委员会扩大会议在北京召开。会议发布告农民书,提出解除农民困苦的根本办法是实行"耕地农有"。这是第一次在党内提出要解决农民的土地问题。

1926 年

8月4日 中共中央发出关于坚决清洗贪污腐化分子的通告。这是党的历史上第一份惩治贪污腐败的文件。

10月 湖南、湖北农村大革命爆发。广大农民群众组织起来,对不法地主和土豪劣绅展开斗争。在那些打倒了地主政权的地方,农民协会成了乡村唯一的权力机关,即"一切权力归农会"。

12月 湖南省第一次农民代表大会在长沙召开,通过《乡村自治问题决议案》,推动实行农民自治、建立乡村自治机关。大会还通过《司法问题决议案》,提出民刑法律须全部改订,凡不利于农民的条文须一律废除;农民协会有代表会员诉讼之权力;严禁法官收受地主、债主的贿赂;禁止差役违法苛索等内容。

1927 年

3月21日　上海工人第三次武装起义在陈独秀、罗亦农、赵世炎、周恩来等组成的特别委员会直接领导下（周恩来任起义总指挥）取得胜利。22日，上海特别市临时市政府成立。这是在党的领导下最早由民众在大城市建立起来的革命政权。根据《上海特别市临时代表会议组织法》《上海特别市市民代表会议政府组织条例草案》等规定，上海特别市市民代表会议为全市最高权力机关，分为全市代表会议和区代表会议，由全市代表会议选出市执行委员，组成市执行委员会，下设公安、土地、司法、劳动等机构。

3月　毛泽东发表《湖南农民运动考察报告》，强调把农民组织起来，从政治上打击地主，彻底摧毁地主阶级的政权和武装，建立农民协会和农民武装，由农民协会掌握农村一切权力，然后进行减租减息、分配土地等斗争。

4月27日—5月9日　中国共产党第五次全国代表大会在武汉举行。大会选举产生中央委员会和党的历史上第一个中央纪律检查监督机构——中央监察委员会。根据大会要求，会后中央政治局会议通过修改党章的决议。修改后的党章把"党的建设"列为专门一章，正式提出党内实行民主集中制的组织原则，这是党第一次把民主集中制明确写入党章，第一次将党的组织系统划分为五级,并规定了中央政治局和中央委员会的设置和组成。

随后于5月10日召开的中共五届一中全会选举产生中央政治局和中央政治局常务委员会,陈独秀为中央委员会总书记。

4月 湖北省黄安县(今红安县)七里坪地区农民协会按照董必武的指示,成立了以审判土豪劣绅为主要职能的七里坪革命法庭,内设审判厅、合议厅、警备室。该法庭名义上由国民党党部管理,实际上由中国共产党领导,被称为"中国革命第一法庭"。

5月26日 中央政治局常委会会议通过《关于湖南事变以后的当前策略的决议》,决定建立一个党的秘密机构。根据决议,中央军委特务工作处在武汉成立,由周恩来直接领导,主要任务是组织开展情报保卫工作,保卫党的领导机关和领导人的安全,惩处叛徒等。

7月13日 中共中央发表对政局宣言,提出中国共产党将继续绝不妥协地反对帝国主义的斗争,力争废除一切不平等的条约,收回租界,取消治外法权,实行关税自主,解放中国。

8月1日 南昌起义爆发。在起义中,总指挥部设立政治保卫处,作为人民军队政法保卫工作机构。南昌起义部队还接管了南昌市公安局,发布安民告示,维持治安。

8月7日 中共中央在湖北汉口召开紧急会议(八七会议)。会议着重批评了大革命后期以陈独秀为首的中央所犯的右倾机会主义错误,确定了土地革命和武装反抗国民党反动派的总方针。这是由大革命失败到土地革命战争兴起的历史性转变。会议选出以瞿秋白为首的中央临时政治局。

9月29日 参加秋收起义的工农革命军到达江西永新县三湾村,在毛泽东领导下进行了三湾改编。建立党的各级组织和党代表制度,将党的支部建在连上,成立各级士兵委员会,实行民主制度,在政治上官兵平等。由此开始改变起义军中旧军队的习气和不良作风,从组织上确立了党对军队的领导。

10月 秋收起义军到达井冈山,开始创建农村革命根据地的斗争。11月,起义军攻占湖南茶陵县城,成立湘赣边界第一个红色政权——茶陵县工农兵政府。到1928年2月,井冈山根据地初步建立。

11月 中央临时政治局常委会会议决定成立党的专业情报保卫组织——中央特科,由周恩来担任主要负责人。1928年11月14日,中央政治局常委会会议决定,成立中央特务委员会,作为党的情报保卫工作决策机构。中央特务委员会下设中央特科,执行具体任务。在革命斗争中,中央特科屡建功勋,作出重要历史贡献。

1928 年

1 月 24 日　在毛泽东领导下,遂川县工农兵政府成立大会召开。大会宣布《遂川工农县政府临时政纲》和政府组织机构。临时政纲对工农基本权利、婚姻家庭、债权债务和劳动用工等作了规定。县政府设立土地、财政、裁判等部。其中,裁判部的任务是布置打土豪、斗劣绅,执行侦察、逮捕、审判、处决反革命分子,调解民事纠纷等工作。遂川县裁判部设立后,红色苏维埃政权省、县、区、乡各级开始普遍设立裁判部或司法部。

4 月　毛泽东总结部队做群众工作的经验,规定部队必须执行三大纪律、六项注意。以后六项注意又发展成八项注意。1947 年 10 月 10 日,中国人民解放军总部重新颁布人民解放军的三大纪律、八项注意。三大纪律、八项注意体现了人民军队的本质,对于建设革命军队,正确处理军队内部关系、军民关系和瓦解敌军等,都起了重大作用。

5 月 20 日—22 日　毛泽东在宁冈茅坪主持召开湘赣边界党的第一次代表大会,成立湘赣边界工农兵苏维埃政府,下设土地、军事、财政、政法等部。

6 月 18 日—7 月 11 日　中国共产党第六次全国代表大会在苏联莫斯科近郊举行。大会指出,中国仍然是一个半殖民地半封建的国家,中国革命现阶段的性质是资产阶级民主革命;当前中国的政治形势是处于两个革命高潮之间;党的总路线是争取群众。大会通过关于政治、军事、组织、苏维埃政权等一系列问题的决议,选举产生新的中央委员会并选举产生中央审查委员会。

大会通过经修改的《中国共产党党章》,详细规定了民主集中制的内容,并在党员管理制度和党的组织机构等方面作出新的规定。大会还通过《中国共产党十大政纲》,提出推翻帝国主义在华的统治;建立工农兵苏维埃(代表会议)政权;没收地主阶级土地归农民;取消军阀地方的苛捐杂税,实行统一的累进税等内容。

8月 福建省永定县溪南区苏维埃政府设立裁判处。这是我党早期设立的红色审判机构。

10月8日 中共中央颁布《巡视条例》。这是党出台的第一部关于巡视工作的专门法规。1931年5月1日,中共中央通过《中央巡视条例》。1932年3月12日,中央组织局重新审查通过《中央巡视条例》,进一步健全了党的早期巡视监督制度。

11月25日 毛泽东在写给中共中央的报告《井冈山的斗争》中指出:"民主集中主义的制度,一定要在革命斗争中显出了它的效力,使群众了解它是最能发动群众力量和最利于斗争的,方能普遍地真实地应用于群众组织。我们正在制订详细的各级代表会组织法(依据中央的大纲),把以前的错误逐渐纠正。""以后党要执行领导政府的任务;党的主张办法,除宣传外,执行的时候必须通过政府的组织。"这是对党正在探索中的根据地政权建设经验的初步总结。

12月 中共湘赣边界特委公布了毛泽东总结农村革命根据地的土地革命经验制定的井冈山《土地法》。这是革命根据地第一次以法律形式肯定农民分得土地的神圣权利,否定了封建土地所有制,为党领导土地革命路线和新民主主义土地法制的形成作出开创性贡献。

1929 年

4 月 毛泽东在总结赣南土地革命经验的基础上,主持制定兴国县《土地法》,将井冈山《土地法》中规定的"没收一切土地"改为"没收一切公共土地及地主阶级的土地"。

7 月 闽西召开第一次党代表大会。在毛泽东指导下,大会正确分析了国内政治形势和闽西社会状况,指出土地革命中,要依靠贫雇农,团结中农,区别对待大小地主与富农;土地的分配方法,应以乡为单位,以原耕为基础,按人口进行平均分配。

12 月 28 日—29 日 红四军党的第九次代表大会(古田会议)在福建上杭古田召开,毛泽东当选为中共红四军前敌委员会书记。会议通过毛泽东起草的古田会议决议,包括废止肉刑问题、党的组织问题、党内教育问题等决议案。其中最重要的是关于纠正党内的错误思想的决议案,确立了思想建党、政治建军的原则,明确提出编制红军法规,规定红军的任务、军事工作系统和政治工作系统的关系、红军和人民群众的关系、士兵会的权能及其和军事政治机关的关系。古田会议决议是中国共产党和红军建设的纲领性文献,是党和人民军队建设史上的重要里程碑。

1930 年

3月　闽西第一次工农兵代表大会通过《苏维埃政权组织法》《土地法令》《山林法令》《借贷条例》《劳动法》《婚姻法》《保护老弱残废条例》《裁判条例》等16部法案。这是党早期创建苏区过程中较大规模且成体系的立法实践。

5月　中共中央和中华全国总工会中央执行委员会在上海召开第一次全国苏维埃区域代表大会，讨论红军的组织和苏区建设等问题，并通过土地暂行法、劳动保护法等。

9月中旬　苏维埃代表大会中央准备委员会第一次全体会议在上海召开。会议讨论决定了《中华苏维埃共和国国家根本法（宪法）大纲草案》，明确了制定宪法的七项原则。会议还讨论决定了第一次苏维埃全国代表大会代表选举条例，以及劳动法、土地法等草案。

10月　中共中央颁布《中国工农红军政治工作暂行条例草案》。这是我军历史上第一个政治工作法规。

本年　各革命根据地通过一系列法令推进土地革命。5月，右江苏维埃政府公布《土地法暂行条例》；7月，湖南省工农兵苏维埃政府公布《暂行土地法》；10月，湘鄂西第二次工农兵贫民代表大会通过《土地革命法令》。

1931 年

4 月 8 日　闽西裁判兼肃反委员会创办《法庭日刊》,栏目主要包括判词、法庭信息、判决执行情况、军事法庭布告等。这是目前发现的党创办最早的红色法治刊物。

4 月 17 日　在宁都举行的中共苏区中央局第一次扩大会议通过《接受国际来信及四中全会决议的决议》,基本上肯定了以毛泽东为书记的红四军前委的工作路线,并指出红四军前委对红军建设有了正确的了解,"建立了红军的整个制度,如建立党的领导,建立政治委员制度,建立士兵委员会,建立军需制度和筹款路线,特别是建立做群众工作的路线等"。

5 月 9 日　中央政治局通过《关于目前政治形势及中共党的紧急任务决议案》,提出"建立苏维埃中央临时政府与各区政府来对抗南京国民政府,公布与实施苏维埃政府的一切法令"是"苏区最迫切的任务",并规定筹备工作由苏区中央局负责。

5 月 19 日　赣东北特区工农兵第二次代表大会审议原则通过《赣东北特区苏维埃暂行刑律》。该刑律分为总则、分则两编,共 36 章、149 条,是当时革命根据地制定的条文最多的刑律,是工农民主政权制定刑法典的初步尝试。

9 月　鄂豫皖区苏维埃政府公布施行《鄂豫皖区苏维埃政府革命军事法庭暂行条例》。

11月7日—20日　中华苏维埃第一次全国代表大会在江西瑞金召开，宣布成立中华苏维埃共和国临时中央政府。中华苏维埃共和国是中国历史上第一个全国性的工农民主政权，是中国共产党在局部地区执政的重要尝试。其他根据地也相继召开各级工农兵代表大会，选举产生各级苏维埃政府。

大会通过《中华苏维埃共和国宪法大纲》。规定，中华苏维埃政权所建设的是工人和农民的民主专政的国家；苏维埃政权领域内，工人、农民、红军士兵及一切劳苦民众，在苏维埃法律面前一律平等；废除一切不平等条约，帝国主义在华的一切财产收归国有；苏维埃政权的最高权力机关为全国工农兵代表大会，在大会闭会期间，苏维埃中央执行委员会为最高政权机关，中央执行委员会下组织人民委员会，处理日常政务，并发布一切法令和决议案。这是中国历史上第一部真正属于劳动人民的宪法性文件，是党在早期革命战争中对国家制度和法律制度建设的重大探索。大会还通过《中华苏维埃共和国劳动法》《中华苏维埃共和国土地法令》《工农检察部的组织条例》等法律文件。

临时中央政府成立后，先后颁布国家的根本法、刑法、民法、婚姻法、经济法、行政法规等方面的法律、法令120多部，初步建立起具有鲜明阶级性和时代特征的法律体系；基本形成了较为完整的司法组织系统，在中央设立司法人民委员部、工农检察部、国家政治保卫局和最高法院，地方设有裁判部、工农检察部、国家政治保卫分局，军队设有军事裁判所，设立对犯人实施感化改造的劳动感化院，设立维护工人合法权益的劳动法庭；培养造就了一支政法干部队伍。

11月27日　中央执行委员会举行第一次会议,毛泽东当选为中央执行委员会主席和人民委员会主席。会议选举产生土地、内务、司法、工农检察等人民委员,其中张国焘为司法人民委员,何叔衡为工农检察人民委员。同时于人民委员会之下,设立国家政治保卫局,邓发为局长。

会议通过《地方苏维埃政府的暂行组织条例》;1933年,《中华苏维埃共和国地方苏维埃暂行组织法(草案)》颁布。1931年11月以后,仅在中央革命根据地范围内,即先后建立了江西、福建、闽赣、粤赣、赣南等省苏维埃政府,到1935年1月,先后建立过的县级苏维埃政府有250多个。

会议还通过《中华苏维埃共和国婚姻条例》。1934年4月,《中华苏维埃共和国婚姻法》颁布,这是土地革命战争时期工农民主政权关于婚姻家庭问题最重要且比较完善的法律。

11月—1934年1月　中央革命根据地进行了三次民主选举,许多地方参加选举的人占选民总人数的80%以上。为保证根据地人民能够有效地行使选举权和被选举权,并做好选举工作,苏维埃政府颁布选举法细则。

12月13日　中央执行委员会非常会议通过《处理反革命案件和建立司法机关的暂行程序》。规定,反革命案件都归国家政治保卫局侦查、逮捕和预审,审讯和判决之权都属于国家司法机关;各级地方司法机关在设立法院之前,得在省、县、区三级政府设立裁判部,为临时司法机关,对反革命案件及一切刑事、民事案件进行审讯和判决;在审讯方法上,必须坚决废除肉刑,采用搜集确实证据及各种有效方法。

1932 年

1 月 27 日　中央执行委员会颁布《中华苏维埃共和国国家政治保卫局组织纲要》。

2 月 1 日　中央执行委员会颁布《中华苏维埃共和国军事裁判所暂行组织条例》。规定,在红军部队中成立各级军事裁判所和军事检查所,管理红军中一切军事刑事司法事宜。

2 月　中央执行委员会人民委员会第七次常会决定成立临时最高法庭,何叔衡任主席(主审)。

3 月 2 日　中华苏维埃共和国临时中央政府机关报《红色中华》从第 12 期开始专门开辟苏维埃法庭专栏,主要刊登临时最高法庭的判决书、训令、批示以及各地方苏维埃政府裁判部的判决书。此前,《红色中华》还开设了临时中央政府文告、临时中央政府训令、法令的解释等多个栏目。

3 月　为防控部分苏区发生的烈性传染病,中央执行委员会人民委员会发布《苏维埃区域暂行防疫条例》,对疫病的处置、防疫的范围、措施及预防方法等诸多方面作出严格规定,初步形成预防、疫情报告、病人隔离三步防控机制。

5 月　瑞金县苏维埃裁判部对叶坪村苏维埃政府主席谢步升贪污打土豪所得财物、强奸妇女、私自贩运物资到白区出售、谋害干部案进行公审判决,判处谢步升死刑。谢步升是党的历史上第一个被公审处以死刑的贪污犯。

6月9日　中华苏维埃共和国中央执行委员会颁布《裁判部的暂行组织及判裁条例》。规定,裁判部为法院未设立前的临时司法机关,暂时执行司法机关的一切职权,审理除现役军人及军事机关的工作人员外,一切民事、刑事案件的诉讼事宜。裁判部在审判方面受临时最高法庭的节制。在省、县裁判部设检察员,作为代表国家的原告人。

6月25日　中华苏维埃共和国临时中央政府颁布《发行革命战争短期公债条例》;8月21日,中央执行委员会人民委员会颁布《发展粮食合作社运动问题》的训令。这两个法令对募集资金、保障红军供给等起了重要作用。

8月10日　中华苏维埃共和国司法人民委员部发布《中华苏维埃共和国劳动感化院暂行章程》。此前,1928年6月,赣东北革命根据地在弋阳县赖家村设立苏区第一所劳动感化院——"弋阳县劳动感化院"。

10月24日　中华苏维埃共和国司法人民委员部负责人梁柏台向临时中央政府作了《司法人民委员部一年来工作》的报告。这是党领导的司法机关首次作出工作报告。

1933 年

1 月 17 日　中央执行委员会、中国工农红军革命军事委员会发表宣言。首次提出中国工农红军准备在三个条件下同任何武装部队订立共同对日作战的协定。这三个条件是:立即停止进攻苏区;立即保证民众的民主权利(集会、结社、言论、罢工、出版之自由等);立即武装民众,创立武装的义勇军,以保卫中国及争取中国的独立统一与领土的完整。

4 月 12 日　中华苏维埃共和国司法人民委员部发布《为组织劳动法庭的问题》,决定在裁判部(科)下设劳动法庭,专门解决资本家、工头、老板破坏劳动法及集体合同、劳动合同等案件。

4 月 16 日　中华苏维埃共和国司法人民委员部发布《关于没收犯人的财产和物件的手续》的命令。

12 月 15 日　中央执行委员会颁布《关于惩治贪污浪费行为》的训令。训令对贪污腐败行为规定了具体的惩处标准,是党的历史上第一部反腐法令。

1934 年

1 月 22 日—2 月 1 日 中华苏维埃第二次全国代表大会在瑞金召开。会议修正通过《中华苏维埃共和国宪法大纲》，选举毛泽东等 175 人为中华苏维埃共和国第二届中央执行委员会委员，董必武等 35 人为中央工农检察委员会委员。

2 月 3 日 第二届中央执行委员会举行第一次会议。会议通过毛泽东等 17 人组成中央执行委员会主席团，选举毛泽东为中央执行委员会主席，张闻天为人民委员会主席，任命董必武为临时最高法庭主席。随后，董必武又被委任为最高法院院长。

2 月 17 日 中央执行委员会颁布《中华苏维埃共和国中央苏维埃组织法》。规定，全国苏维埃代表大会是中华苏维埃共和国最高政权机关，中央执行委员会是全国苏维埃代表大会闭幕期间的最高政权机关。人民委员会为中央执行委员会的行政机关，负责指挥全国政务。人民委员会下设内务、司法等人民委员部以及革命军事委员会、工农检察委员会。中央执行委员会下设最高法院，并在最高法院设检察长、副检察长各一人及检察员若干人。中央执行委员会下设审计委员会，负责审核国家的岁入和岁出，监督国家预算的执行。

2 月 中央执行委员会颁布《中华苏维埃共和国中央政

府执行委员会审计条例》。这是党领导下的红色政权制定的第一部审计法规,初步构建起统一的审计制度。

3月15日 中共中央组织局发布《苏区党团组织与工作条例》。这是党的历史上第一部专门就党团工作制定的条例。

3月20日 中央执行委员会对中央执行委员会委员、于都县苏区主席熊仙璧贪污、利用公款谋利等作出行政处分,撤销其(县苏)主席职务,并开除其中央执行委员会委员,交最高法院治罪。25日,最高法院组织特别法庭审理此案,以董必武为主审,何叔衡、罗梓铭为陪审,梁柏台为临时检察长。最终判处熊仙璧监禁1年,期满后剥夺公权1年。

4月8日 中央执行委员会颁布《中华苏维埃共和国司法程序》。规定,苏维埃法庭、政治保卫局、裁判部等机关具有相应的逮捕、审判、处罚权;废除上级批准制度,实行两级审判制,两审之后,检察员尚有不同意见时,可向司法机关抗议,再行审判一次。

4月 中华苏维埃临时中央政府教育人民委员部将24个教育法规规章汇编成册,以《苏维埃教育法规》的名义予以颁布。这是中华苏维埃政府成立后颁布的第一部教育法规汇编。

11月 陕甘边区苏维埃政府正式成立,习仲勋当选为苏维埃政府主席。边区苏维埃政府建立后,各级基层政权也陆续建立起来。

1935 年

1月15日—17日　中央政治局扩大会议在贵州遵义召开,集中解决当时具有决定意义的军事和组织问题。遵义会议事实上确立了毛泽东在党中央和红军的领导地位,开始确立了以毛泽东为主要代表的马克思主义正确路线在党中央的领导地位,开始形成以毛泽东为核心的第一代中央领导集体,开启了党独立自主解决中国革命实际问题的新阶段,在最危急关头挽救了党、挽救了红军、挽救了中国革命。

12月6日　中共中央在陕北瓦窑堡举行政治局会议,作出《关于改变对富农策略的决定》。指出,对于富农只取消其封建式剥削的部分,其他经营的土地、商业和财产不予没收;苏维埃政府应保障富农扩大生产与发展工商业等自由。

12月17日—25日　中央政治局在陕北瓦窑堡召开扩大会议,确定抗日民族统一战线的策略方针。会后,毛泽东作《论反对日本帝国主义的策略》的报告,系统阐述这一方针。报告提出将"工农共和国"改为"人民共和国",指出人民共和国的劳动法保护工人的利益,却并不反对民族资本家发财,并不反对民族工商业的发展,因为这种发展不利于帝国主义,而有利于中国人民。由此可知，人民共和国是代表反帝国主义反封建势力的各阶层人民的利益的。人民共和国的政府以工农为主体，同时容纳其他反帝国主义反封建势力的阶级。

1936 年

6 月　谢觉哉在参与领导陕西保安县的县、乡两级政府民主选举工作时,创造"投豆子选举法",使不识字的农民也能行使自己的民主权利,后在苏区全面推广。

7 月 22 日　中共中央召开政治局常委会会议讨论土地问题。会议发出的《中共中央关于土地政策的指示》指出,"为要使土地政策的实施能够实现清算封建残余与尽可能的建立广大的人民抗日统一战线的目的,需要进一步的审查现施土地政策,并给以必要的改变。"

9 月 17 日　中共中央通过《关于抗日救亡运动的新形势与民主共和国的决议》。指出,民主共和国是较之一部分领土上的苏维埃制度在地域上更普及的民主,较之全中国主要地区上国民党的一党专政大大进步的政治制度。中国共产党宣布:积极赞助民主共和国运动。民主共和国在全中国建立,依据普选的国会实行召集之时,苏维埃区域即将成为它的一个组成部分,苏区人民将选派代表参加国会,并将在苏区内完成同样的民主制度。

11 月 18 日　毛泽东在指导红军建设时强调,要"严整政治纪律,建立会计给养制度",以促进与人民的良好关系。

1937 年

2月10日 为促进国共两党合作的实现,中国共产党发表《中共中央致国民党三中全会电》,向国民党提出五项要求,即停止一切内战,集中国力,一致对外;保障言论、集会、结社之自由,释放一切政治犯;召集各党各派各界各军的代表会议,集中全国人才,共同救国;迅速完成对日抗战之一切准备工作;改善人民的生活。电文指出,如果国民党将上述五项要求定为国策,中国共产党愿意作出停止武力推翻国民党政府的方针等四项保证。

5月2日—14日 中共中央在延安召开有苏区、白区和红军代表参加的党的全国代表会议(当时称苏区代表会议)。会上,毛泽东作了《中国共产党在抗日时期的任务》的报告。指出,争取民主是新阶段中"最本质的东西",是"中心一环"。为了实现这一任务,必须立即实行两方面的民主改革,一是将国民党一党派一阶级的反动独裁政体,改变为各党派各阶级合作的民主政体。这方面,应从改变国民大会的选举和召集上违反民主的办法,实行民主的选举和保证大会的自由开会做起,直到制定真正的民主宪法,召集真正的民主国会,选举真正的民主政府,执行真正的民主政策为止。二是保证人民的言论、集会、结社自由。进行这两方面的改革,是建立真正的坚实的抗日民族统一战线的必要条件。

5月20日 中央组织部发布《保守党内秘密条例》。

8月22日—25日 中共中央在陕北洛川召开政治局扩大会议（洛川会议）。会议通过《中国共产党抗日救国十大纲领》和《中共中央关于目前形势与党的任务的决定》，标志着党的全面抗战路线的正式形成。

9月22日 《中共中央为公布国共合作宣言》由国民党中央通讯社发表。23日，蒋介石发表实际上承认共产党合法地位的谈话。中共中央的宣言和蒋介石谈话的发表，宣告国共两党重新合作和抗日民族统一战线形成。

9月 陕甘宁革命根据地的苏维埃政府（中华苏维埃人民共和国临时中央政府西北办事处），正式改称陕甘宁边区政府。陕甘宁边区是中共中央所在地。抗日战争时期，党还在晋察冀、晋西北、晋冀豫、苏北、苏中、苏南、山东、豫鄂边等根据地，建立了抗日民主政权。

抗日民主政权的政权结构包括立法、行政和司法机关。边区（省）、县的参议会既是民意机关，也是最高的权力机关；政府机关设边区（省）、县、乡三级，另有边区政府的派出机关专员公署和县政府的派出机关区公署。边区先后成立地方法规起草委员会、边区法制委员会、法令审查委员会等机构，先后制定、颁布1000多件各类法律法令。边区建立起一套完整的司法机构和制度体系，设高等法院、高等法院分庭，县一级设县法院或司法处；边区检察体制由最初的审检合署走向审检并立；边区还在各级党政军和群众组织中设立公安保卫机构。

10 月 11 日　陕甘宁边区高等法院在陕北公学公审抗日军政大学第六大队大队长黄克功因逼婚未遂枪杀女学员刘茜一案,由雷经天担任审判长。法庭当庭宣布判处黄克功死刑,并宣读了毛泽东给雷经天的信,信中指出,"共产党与红军,对于自己的党员与红军成员不能不执行比较一般平民更加严格的纪律","一切共产党员,一切红军指战员,一切革命分子,都要以黄克功为前车之戒"。

1938 年

1月10日 晋察冀边区军政民代表大会在冀西阜平召开。会议经过民主选举,成立了晋察冀边区临时行政委员会。这是敌后由党领导建立的第一个统一战线性质的抗日民主政权。边区政府成立后,颁布和实施各方面的政策法令,改变了原国民党政权在日军进攻面前出现的混乱局面,稳定了社会秩序。

8月15日 《新中华报》刊发《陕甘宁边区惩治贪污暂行条例》。其他抗日根据地也相继公布惩治贪污的条例,主要有 1940 年 12 月公布的《山东省惩治贪污暂行条例》、1941 年 9 月公布的《晋西北惩治贪污暂行条例》、1942 年 2 月公布的《晋冀鲁豫边区惩治贪污暂行办法》、1942 年 10 月公布的《晋察冀边区惩治贪污条例》。

9月29日—11月6日 中共扩大的六届六中全会在延安召开。全会首次提出马克思主义中国化的命题。毛泽东作《论新阶段》的政治报告,这是全会的中心议题。报告强调个人服从组织、少数服从多数、下级服从上级、全党服从中央的纪律,同时还指出,为使党内关系走上正轨,除了上述四项最重要的纪律外,还须制定一种较为详细的党内法规,以统一各级领导机关的行动。这是党的历史上第一次明确提出党内法规的概念。

全会通过《关于中央委员会工作规则与纪律的决定》《关于各级党部工作规则与纪律的决定》《关于各级党委暂行组织机构的决定》三部重要党内法规，首次对党的各级组织的权力运行提出具体规范。

1939 年

1月17日—2月4日 陕甘宁边区参议会召开第一届第一次会议。会议选举高岗为边区参议会议长,林伯渠为边区政府主席,雷经天为边区高等法院院长。会议通过《陕甘宁边区抗战时期施政纲领》。提出,发扬政治民主,实行普选,保障人民的民主自由权利;确立私人财产所有权,保护自由经营,废除高利贷;厉行廉洁政治等内容。

会议通过《陕甘宁边区各级参议会组织条例》,规定边区各级参议会为代表边区的各级民意机关,各级参议会的议员由人民直接选举。会议通过《陕甘宁边区高等法院组织条例》,规定边区高等法院受边区参议会监督,受边区政府领导,独立行使司法职权。高等法院内设检察处,并设检察长及检察员,独立行使检察职权。会议通过《陕甘宁边区政府组织条例》,规定边区政府综理全边区政务,下设民政厅、保安司令部、保安处、审计处等机构。会议还通过《陕甘宁边区土地条例》和《陕甘宁边区选举条例》。

2月18日 中共中央发出《关于成立社会部的决定》。中央社会部成立后,破获了大批敌伪顽特务案件,有力保卫和巩固了党中央及各地党组织。

4月 陕甘宁边区政府公布《陕甘宁边区婚姻条例》。

1943 年 1 月,《陕甘宁边区抗属离婚处理办法》公布。1944 年 3 月,《修正陕甘宁边区婚姻暂行条例》公布。其他抗日根据地也公布了婚姻条例以及保护军婚的法令。

6 月 10 日 陕甘宁边区政府公布《陕甘宁边区政府禁止仇货取缔伪币条例》。此后,又陆续公布《陕甘宁边区破坏金融法令惩罚条例》《陕甘宁边区查获鸦片毒品暂行办法》《陕甘宁边区贩卖纸烟惩治办法》等刑事法律法令。各抗日根据地大都颁布了惩治汉奸条例、惩治盗匪条例、惩治破坏坚壁财物条例、禁烟禁毒条例等刑事法律法令。

1940 年

1月　毛泽东发表《新民主主义论》,系统阐述新民主主义理论。提出,新民主主义共和国的国体是各革命阶级联合专政,政体是民主集中制。在政体上,中国现在可以采取全国人民代表大会、省人民代表大会、县人民代表大会、区人民代表大会直到乡人民代表大会的系统,并由各级代表大会选举政府。只有民主集中制的政府,才能充分地发挥一切革命人民的意志,也才能最有力量地去反对革命的敌人。新民主主义理论的提出和系统阐明,是马克思主义中国化的重大理论成果,标志着毛泽东思想得到多方面展开而趋于成熟。

3月6日　中共中央发出关于《抗日根据地的政权问题》的指示,对根据地政权建设的原则和政策作了具体规定。明确提出,抗日统一战线政权的产生,应经过人民选举;在政权工作人员中,共产党员、非党的左派进步分子和中间派应各占三分之一,实行"三三制"。此后,根据地政权建设进入一个新的发展阶段。

4月　中共中央西北工作委员会拟定《关于回回民族问题的提纲》。7月,又拟定《关于抗战中蒙古民族问题提纲》。经中央书记处批准,成为抗战期间指导民族工作的纲领性文件。

11 月　山东省临时参议会通过《人权保障条例》。此后，《冀鲁豫边区保障人民权利暂行条例》《陕甘宁边区保障人权财权条例》《苏中区人权财权保障条例》《晋西北保障人权条例》等专门保障人权财权的法令也相继颁布。许多抗日根据地也将保障人权财权的条款写入施政纲领中。这些规定的颁布和实施，对于提高干部和群众的人权观念，保障人民的人权财权，发挥了重要作用。

12 月 25 日　中共中央发布《论政策》的党内指示。全面说明了党关于政权组织、劳动政策、土地政策、税收政策、人民权利、经济政策、文化教育政策、军事政策等各项具体政策。指出，关于人民权利，"应规定一切不反对抗日的地主资本家和工人农民有同等的人权、财权、选举权和言论、集会、结社、思想、信仰的自由权，政府仅仅干涉在我根据地内组织破坏和举行暴动的分子，其他则一律加以保护，不加干涉"，"规定除军队在战斗的时间以外，只有政府司法机关和治安机关才有逮捕犯人的权力，以建立抗日的革命秩序"。

1941 年

2 月 7 日　中央军委发布《军政委员会条例》。

4 月 1 日　晋西北行政公署公布《晋西北工厂劳动暂行条例》《晋西北改善雇工生活暂行条例》。其他抗日根据地也相继制定保障劳动者权利的法律法令,如《晋冀鲁豫边区劳工保护暂行条例》《山东省改善雇工待遇暂行办法》等。

4 月 10 日　晋察冀边区政府颁布《晋察冀边区公安局暂行条例》,规定公安局是边区抗日民主政权维持社会治安的主管机关。

4 月 18 日　山东省临时参议会通过《山东省调解委员会暂行组织条例》。此后,1942 年 3 月,晋西北行政公署颁布《晋西北村调解暂行办法》;4 月,晋察冀边区政府公布《晋察冀边区行政村调解工作条例》。1943 年 6 月,陕甘宁边区政府颁布《陕甘宁边区民刑事件调解条例》。这些法律文件的颁布是人民调解工作制度化、法律化的重要标志。

4 月 23 日　山东省临时参议会通过《各级检察委员会组织条例》。这是检察委员会制度的发端。

5 月 1 日　经中共中央批准的《陕甘宁边区施政纲领》正式发表。这是党在政治、经济、军事、文化教育、卫生等方面的基本纲领,是边区实行民主政治和其他方针政策的最根本、最重要的依据和准则。

5月10日 陕甘宁边区高等法院发出《对各县司法工作的指示》。规定,边区司法制度采取三级三审制;人民非有政府命令无私擅逮捕任何罪犯之权;侦查案件,由检察员负责,审讯案件由裁判员负责;加强对犯人的管理和教育。

10月 《晋西北行政公署修正垦荒条例》施行。1942年1月,《晋西北行政公署修正兴办水利条例》施行。这些条例的施行增进了农业生产,扩大了根据地的耕地面积。

11月6日—21日 陕甘宁边区参议会召开第二届第一次会议。在选举的常驻议员和政府委员中,共产党员只占三分之一,开明绅士李鼎铭被选为陕甘宁边区政府副主席。会议通过修改后的《陕甘宁边区各级参议会组织条例》《陕甘宁边区各级参议会选举条例》。

1942 年

1月28日 中共中央发布《关于抗日根据地土地政策的决定》。2月4日,又发布《关于如何执行土地政策决定的指示》。两份文件明确规定:减租减息政策的目的是扶助农民,减轻封建剥削,改善农民生活,提高农民抗日和生产的积极性;实行减租减息后,须实行交租交息,保障地主的地权、财权和人权,以联合地主阶级一致抗日;对于富农则削弱其封建部分,鼓励其资本主义部分的发展。两份文件指导各解放区掀起大规模的减租减息的群众运动。

2月6日 中共中央书记处发布《关于根据地各级青委组织与工作暂行条例》和《关于根据地各级妇委组织工作条例》。

3月1日 晋西北行政公署公布《晋西北巡回审判办法》。4月15日,公布《晋西北陪审暂行办法》。

3月21日 陕甘宁边区政府公布《陕甘宁边区违警罚暂行条例》。这是一部体系化的治安管理处罚法规。

9月1日 中央政治局通过《关于统一抗日根据地党的领导及调整各组织间关系的决定》,规定抗日根据地实行党的一元化领导,中央代表机关及各级党委为各地区的最高领导机关。

9 月 新四军政治部制定《新四军军法工作条例》。

11 月 晋西北行政公署公布《晋西北行政公署组织大纲》《晋西北行政督察专员公署组织条例》《晋西北县区村各级政府组织条例》。

1943 年

1 月 17 日 陕甘宁边区政府、第十八集团军后方留守处颁布《边区维护革命秩序暂行办法》《军民诉讼暂行条例》等。

2 月 4 日 晋察冀边区行政委员会公布《晋察冀边区婚姻条例》;5 月 27 日,公布《关于婚姻登记问题的通知》。

3 月 20 日 中央政治局会议通过《关于中央机构调整及精简的决定》,推定毛泽东为中央政治局主席,并决定毛泽东为中央书记处主席;中央书记处由毛泽东、刘少奇、任弼时组成。

3 月 29 日 陕甘宁边区政府公布《高等法院分庭组织条例草案》,规定边区政府所辖各分区内的专员公署所在地,除延安分区外,设置高等法院分庭。

3 月 30 日 陕甘宁边区政府公布《县司法处组织条例草案》,规定边区所辖各县,除设地方法院者外,由各县司法处受理辖内第一审民刑诉讼案件。

7 月 1 日 陕甘宁边区高等法院陇东分庭审理封彦贵(封捧儿之父)与张金才(张柏之父)儿女婚姻纠纷上诉案,庭长马锡五在广泛听取群众对案件的看法和处理意见的基础上,依据刑法与婚姻法的相关规定,作出刑事附带民事判决。此案是"马锡五审判方式"的具体体现,后被改编成评剧

《刘巧儿》。

9月　陕甘宁边区政府公布《陕甘宁边区土地登记试行办法(草案)》。1948年9月6日,公布《土地房窑证办法》。

1944 年

1 月 6 日 陕甘宁边区政府发出"提倡马锡五同志的审判方式,以便教育群众"的号召。3 月 13 日,《解放日报》发表题为《马锡五同志的审判方式》的社论。"马锡五审判方式"的特点是:走出窑洞,深入农村,调查研究,依靠群众,就地审判,不拘形式,解决问题,实行审判与调解相结合;坚持原则,依法办事;简便手续,便利人民诉讼。"马锡五审判方式"得到中共中央肯定,在陕甘宁边区和其他根据地被普遍推广,是党的群众路线在司法领域实践的典范。

5 月 21 日—翌年 4 月 20 日 中共扩大的六届七中全会在延安召开。全会通过毛泽东为中央委员会主席的提议,原则通过《关于若干历史问题的决议》,肯定了确立毛泽东在全党的领导地位的重大意义,使全党尤其是党的高级干部对中国民主革命基本问题的认识达到在马克思列宁主义基础上的一致。

9 月 15 日 中共代表林伯渠根据党中央指示,在国民参政会上正式提出立即结束国民党一党统治、建立各抗日党派民主联合政府的主张。党的这个主张在国内外引起强烈反响。

11 月 5 日 习仲勋在绥德分区司法会议上作了关于贯

彻司法工作的正确方向的讲话,围绕把屁股端端地坐在老百姓这一方面、不当"官"和"老爷"、走出"衙门"深入乡村、有出息和没出息,论述了司法工作是替老百姓服务的,强调司法工作的方针是要团结人民、教育人民、保护人民的正当权益。

1945 年

4月5日 晋绥边区行政公署公布《晋绥边区县议会选举条例》《晋绥边区参议会选举条例》《晋绥边区参议员、县议员选举办法》。

4月23日—6月11日 中国共产党第七次全国代表大会在延安举行。毛泽东致开幕词,向大会提交《论联合政府》政治报告并作口头报告。提出,"中国急需把各党各派和无党无派的代表人物团结在一起,成立民主的临时的联合政府,以便实行民主的改革,克服目前的危机","然后,需要在广泛的民主基础之上,召开国民代表大会,成立包括更广大范围的各党各派和无党无派代表人物在内的同样是联合性质的民主的正式的政府,领导解放后的全国人民,将中国建设成为一个独立、自由、民主、统一和富强的新国家"。七大是党在新民主主义革命时期召开的一次极其重要的全国代表大会,以"团结的大会,胜利的大会"载入党的史册。大会选举产生新的中央委员会。

大会通过新的党章,将毛泽东思想确立为全党的指导思想并载入党章,明确规定努力地学习和领会马克思列宁主义、毛泽东思想是每一个共产党员的义务;在党的工作中必须坚持群众路线,这是党的根本的政治路线和组织路线;在党内生活中必须坚持民主集中制。这部党章是第一部党完全独立自主制定的党章。

随后于 6 月 19 日召开的中共七届一中全会选举毛泽东为中央委员会主席、中央政治局主席、中央书记处主席。

4 月 25 日—6 月 26 日 包括中共代表董必武在内的中国代表团出席在美国旧金山召开的联合国制宪会议,并在《联合国宪章》上签字。中国成为联合国的创始会员国之一和安理会五个常任理事国之一。

7 月 毛泽东在延安杨家岭窑洞面对黄炎培提出的如何跳出治乱兴衰的历史周期率的时候,明确答道:"我们已经找到新路,我们能跳出这周期率。这条新路,就是民主。只有让人民来监督政府,政府才不敢松懈。只有人人起来负责,才不会人亡政息。"这就是著名的"窑洞对"。

8 月 28 日 毛泽东、周恩来、王若飞赴重庆与国民党代表进行和平谈判(重庆谈判)。10 月 10 日,国共双方签署《政府与中共代表会谈纪要》(双十协定)。

9 月 2 日 日本代表在投降书上签字。至此,中国抗日战争胜利结束,世界反法西斯战争也胜利结束。10 月 25 日,中国政府在台湾举行受降仪式。被日本占领 50 年之久的台湾以及澎湖列岛,重归中国主权管辖之下。

10 月 22 日 陕甘宁边区成立宪法研究会,谢觉哉为负责人。11 月 27 日,谢觉哉在起草宪法纲要说明时指出,新民主主义宪法是人民实践新民主主义成果的记录,也是人民争取新民主主义更加充实与普遍实现的前进旗帜。

1946 年

1 月 10 日—31 日 政治协商会议在重庆召开。国民党、共产党、民主同盟、青年党和无党派人士代表参加,通过政府组织案、国民大会案、和平建国纲领、军事问题案、宪法草案案五项协议。

4 月 23 日 陕甘宁边区第三届参议会第一次大会通过《陕甘宁边区宪法原则》,明确规定了在政权组织、人民权利、司法、经济、文化方面应遵循的宪法原则。大会还通过《陕甘宁边区婚姻条例》。

5 月 4 日 中共中央作出《关于土地问题的指示》(五四指示),将全民族抗战时期的减租减息改变为"耕者有其田"政策,并指出解决解放区的土地问题是党目前最基本的历史任务。各解放区迅速开展土地改革运动。到 1947 年下半年,解放区三分之二的地方已基本上实现了"耕者有其田"。

6 月 中共中央书记处决定成立中央法律问题研究委员会,负责研究各种法律问题及试拟陕甘宁边区宪法草案,谢觉哉为主任委员。

7 月 23 日 陕甘宁边区高等法院检察处召开首届检察业务研究会。会议对检察工作的范围、组织机构、工作制度等进行了研讨。

10 月 19 日 陕甘宁边区政府发布《健全检察制度的有关决定》,规定设立边区高等检察处,高等检察处受边区政府的领导,独立行使职权;各分区设高等检察分处,各县(市)设检察处,各高等检察分处及县(市)检察处均直接受高等检察长的领导。边区检察体制从审检合署走向审检并立。

12 月 13 日 陕甘宁边区政府公布《征购地主土地条例草案》,对地主除按规定留下自耕土地外,其余由政府发行公债征购,并将征购的土地分配给无地或少地的农民。1947 年2 月 8 日,中共中央充分肯定并向各解放区通报陕甘宁解放区这种征购方式的经验。

1947 年

1 月 16 日　毛泽东在给法学家陈瑾昆的信中指出,"从新的观点出发研究法律,甚为必要。新民主主义的法律,一方面,与社会主义的法律相区别,另方面,又与欧美日本一切资本主义的法律相区别,请本此旨加以研究"。

4 月 23 日—5 月 3 日　内蒙古人民代表会议在王爷庙(今乌兰浩特市)召开,通过《内蒙古自治政府施政纲领》等重要文件。会议选出临时参议会,并经参议会选出内蒙古自治政府,乌兰夫任主席。5 月 1 日,内蒙古自治政府正式宣告成立。这是党领导的第一个省级少数民族自治政府。

7 月 17 日—9 月 13 日　全国土地会议在河北建屏西柏坡(今属平山)召开。会议制定《中国土地法大纲》,并于 10 月 10 日由中共中央批准发布。大纲规定,废除封建性及半封建性剥削的土地制度,实行耕者有其田的土地制度;废除一切地主的土地所有权;废除一切祠堂、庙宇、寺院、学校、机关及团体的土地所有权;废除一切乡村中在土地制度改革以前的债务。大纲还规定彻底平分土地的基本原则,明确"乡村农民大会及其选出的委员会,乡村无地少地的农民所组织的贫农团大会及其选出的委员会,区、县、省等级农民代表大会及其选出的委员会为改革土地制度的合法执行机关"。这是一个彻底反封建的土地革命纲领,也是抗日战争胜利后党公布的第一个关于土地制度改革的纲领性文件。大纲公布后,解放区迅速形成土地改革热潮。

10 月 10 日　中国人民解放军总部发表宣言(双十宣言),提出"打倒蒋介石,解放全中国"的口号,宣布了人民解放军的也是中国共产党的八项基本政策,其中包括:打倒蒋介石独裁政府,成立民主联合政府;实行人民民主制度,保障人民言论、出版、集会、结社等项自由;废除一切卖国条约,同外国订立平等互惠的通商友好条约等内容。宣言给全国人民指明了彻底解放全中国的总目标。

12 月 25 日—28 日　中共中央在陕北米脂杨家沟召开扩大会议(十二月会议)。会议通过毛泽东提交的《目前形势和我们的任务》书面报告。报告阐明党的最基本的政治纲领和新民主主义革命的三大经济纲领,提出十大军事原则。

1948 年

1月7日 毛泽东为中共中央起草《关于建立报告制度》的指示。3月25日,中央发出《关于建立报告制度的补充指示》。8月14日,中央又发出《关于严格执行报告制度的指示》。9月,中央政治局扩大会议通过《关于各中央局、分局、军区、军委分会及前委会向中央请示报告制度的决议》。请示报告制度的建立,对于加强党的集中统一领导,保证党的路线、方针、政策的正确贯彻执行发挥了重大作用。

1月18日 中共中央发出《关于目前党的政策中的几个重要问题》的指示。论述了土地改革和群众运动中的一些具体政策问题、人民民主专政政权的性质问题和革命统一战线中领导者同被领导者的关系即无产阶级的领导权问题。此后,中央还发出一系列指示,其中有《在不同地区实施土地法的不同策略》《新解放区土地改革要点》《关于工商业政策》《关于民族资产阶级和开明绅士问题》《党的政策必须适时地向群众公开》等文件。这些文件使党的农村政策、城市政策、新区政策、工商业政策、统一战线政策逐渐完整和系统化。

4月30日 中共中央发出纪念"五一"国际劳动节口号,号召召开新的政治协商会议,筹建民主联合政府。各民主党派、各阶层代表人士热烈响应,通过各种渠道纷纷进入解放区,在中国共产党领导下,参与筹备召开新政协会议、建立新中国的工作。

5月9日 中共中央及中央军委决定将晋察冀和晋冀鲁豫两个解放区及其领导机构合并,组成华北局、华北联合行政委员会、华北军区。

6月10日 中共中央批转东北局《关于保护新收复城市的指示》。规定,对新解放的城市要实行短期的军事管制;攻城及入城部队必须爱护城市、保护工商业并遵守进城纪律;各地党委、政府、农会不得进城自行逮捕人犯及没收物资等内容。根据中共中央指示,其他解放区也遵照上述原则颁发同样的政策性文件,并认真地贯彻执行。

8月7日—19日 华北临时人民代表大会在石家庄召开。大会通过《华北解放区施政方针》《华北人民政府组织大纲》《村县(市)人民政权组织条例》。大会决定成立华北人民政府,并选举董必武等27人为华北人民政府委员会委员。9月26日,华北人民政府正式成立,董必武任主席。

华北人民政府下设公安部、司法部、华北人民法院、华北人民监察院等机构,为中央人民政府的建立在组织上做了准备。后来中央人民政府的许多机构,就是在华北人民政府所属有关机构的基础上建立起来的。华北人民政府开展了大量工作,进行了积极的探索,先后制定颁布200多项关于政治、经济、文化等各方面的法律法规。

9月20日 中共中央作出关于健全党委制的决定,指出党委制是保证集体领导、防止个人包办的重要制度,要建立健全的党委会议制度。

9月 中央政治局召开扩大会议。毛泽东在会上论述了即将成立的新中国的国体和政体,并要求各级政府都要加上"人民"二字,各种政权机关都要加上"人民"二字,如法院叫人民法院,军队叫人民解放军,以示和蒋介石政权不同。

10月23日 华北人民政府发布《为统一各行署司法机关名称、恢复各县原有司法组织及审级的规定的通令》,规定各行署原有司法机关,一律改为"某某(地区名)人民法院",各直辖市司法机关即为"某某市人民法院",并确立一般案件二审终审的原则。

同日 华北人民政府发布《处理死刑案件应该注意的事项》,要求司法工作者应该讲求司法手续,尤其是死刑案件,办理更应慎重。

11月1日 中央军委发出《关于统一全军组织及部队番号的规定》,要求团和分区以上各部队番号均冠以"中国人民解放军"字样。这是在全军范围内第一次统一确定部队的分类、番号和编制。

同日 东北行政委员会颁布《东北解放区交通肇事犯罪处罚暂行条例》。

11月15日 根据解放战争的胜利发展,中共中央发出《关于军事管制问题的指示》。规定对城市实行军事管制的几项任务,即肃清反革命的一切残余势力;接收一切公共机关、产业和物资;恢复并维护社会秩序;收缴一切隐藏在民间的反动分子的武器及其他违禁品;解散一切反动党团组织;逮捕战争罪犯和罪大恶极的反革命分子;建立革命政权;建立可靠的群众组织;整理、建立党的组织。

11 月 22 日　华北人民政府发布《为成立中国人民银行发行统一货币》的训令。

11 月 30 日　中共中央发出《关于新解放城市中组织各界代表会的指示》。规定,在城市解放后实行军事管制的初期,应以各界代表会议为党和政权领导机关联系群众的最好组织形式。党所领导的人民代表会议是我们的组织武器,而各界代表会议则可看作是人民代表会议的雏形。根据中央的部署,各解放区相继召开各界代表会议。各界代表会议是城市解放后军事管制时期建立的一种临时的协议机关。

12 月 12 日　中央法律委员会成立。该委员会协助中央研究与处理有关全国立法和司法问题的工作。在立法方面的任务为:遵照中央指示草拟有关全国性法律大纲或条文;遵照中央指示或依其他机关提议,协助其他机关草拟或审查专门性法律或法令;协助中央书记处审查各地送来之法律草案。在司法方面的任务为:厘定司法制度与法院组织纲要;拟定司法人员训练计划;编译法律书籍材料,以及总结司法工作经验。

12 月 20 日　华北人民政府颁布《华北区奖励科学发明及技术改进暂行条例》。

12 月 27 日　东北行政委员会颁布《东北公营企业战时暂行劳动保险条例》。

1949 年（1 月—9 月）

1 月 4 日　华北人民政府发布《解散所有会门道门封建迷信组织的布告》。

1 月 14 日　毛泽东以中共中央主席的名义发表《关于时局的声明》，针对蒋介石在元旦文告中提出的和谈五项条件，提出中国共产党愿意和国民党政府在下列条件的基础上进行和平谈判：惩办战争罪犯；废除伪宪法；废除伪法统；依据民主原则改编一切反动军队；没收官僚资本；改革土地制度；废除卖国条约；召开没有反动分子参加的政治协商会议，成立民主联合政府，接收南京国民党反动政府及其所属各级政府的一切权力。这八项和谈条件，反映了全国人民的公意，揭露了蒋介石的"和谈"阴谋。

同日　华北人民政府发布《关于保护古迹文物》的训令。

1 月 19 日　中共中央发出《关于外交工作的指示》，规定了外交关系、外资关系、对外贸易关系、海关税收、外国人办的报纸刊物通信社及外国记者等方面的暂行政策。

2 月 22 日　中共中央发出《关于废除国民党〈六法全书〉和确定解放区司法原则的指示》。4 月 1 日，华北人民政府发布《为废除国民党的六法全书及一切反动法律》的训令。这两个文件废除了国民党政权赖以存在的伪法统，澄清了革命队伍中存在的对旧法律的模糊认识,为新中国法律制度建设指明了方向。

3月5日—13日 中共七届二中全会在西柏坡召开。全会规定党在全国胜利后在政治、经济、外交方面应当采取的基本政策,指出中国由农业国转变为工业国、由新民主主义社会转变为社会主义社会的发展方向。全会讨论确定了党的工作重心由乡村转移到城市的问题。毛泽东在全会上提出"两个务必"思想,即"务必使同志们继续地保持谦虚、谨慎、不骄、不躁的作风,务必使同志们继续地保持艰苦奋斗的作风"。

根据毛泽东的提议,全会还提出六条规定:不作寿;不送礼;少敬酒;少拍掌;不以人名作地名;不要把中国同志同马恩列斯平列。

3月23日 华北人民政府发布《关于确定刑事复核制度的通令》。

4月1日 周恩来率领中共代表团同国民党政府代表团在北平进行和平谈判。经过协商,中共代表团于15日提出《国内和平协定》(最后修正案),并宣布4月20日为最后签字时间。国民党政府拒绝接受。解放军遂发起渡江战役,国民党政府"划江而治"的图谋破产。

4月25日 中国人民革命军事委员会主席毛泽东、中国人民解放军总司令朱德共同签署发布《中国人民解放军布告》,宣布约法八章,即保护全体人民的生命财产;保护民族工商农牧业;没收官僚资本;保护一切公私学校、医院、文化教育机关、体育场所和其他一切公益事业;除怙恶不悛的战争罪犯和罪大恶极的反革命分子外,凡属国民党的大小官员,凡不持枪抵抗、不阴谋破坏者,人民解放军和人民政府一律不加俘虏,不加逮捕,不加侮辱;一切散兵游勇,均应向当地人民解放军或人民政府投诚报到;废除农村中的封建的土地所有权制度;保护外国侨民生命财产的安全。

5 月 21 日 华北人民政府颁布《关于贯彻清理积案,并研究减少积案办法》的训令。指出,对案件要分别其轻重缓急,确定其先后处理的方针,以减少案件积压,并举出北平市人民法院设有问事处、天津市人民法院设有值日收案组、石家庄市人民法院设有审判员值日制等实例。

6 月 4 日、10 日 中央法律委员会和华北人民政府司法部先后两次召集法律问题座谈会。各有关方面代表和专家学者参会。与会人员广泛地交换了关于新中国立法问题的各种意见。

6 月 10 日 经过中央批准,上海市军管会周密部署,一举查封了金融投机的大本营上海证券大楼,将投机商 200 余人逮捕法办,严厉打击了非法金融投机活动。

6 月 15 日—19 日 新政治协商会议筹备会第一次全体会议在北平举行。会议通过《新政治协商会议筹备会组织条例》和《关于参加新政治协商会议的单位及其代表名额的规定》,选出了筹备会常务委员会,推选毛泽东为主任。

6 月 30 日 毛泽东发表《论人民民主专政》一文,总结中国近百年革命的历史经验,阐明资产阶级的民主主义让位给工人阶级领导的人民民主主义、资产阶级共和国让位给人民共和国的历史必然性,提出人民民主专政这一科学概念,并强调指出,"对人民内部的民主方面和对反动派的专政方面,互相结合起来,就是人民民主专政"。这篇文章和中共七届二中全会决议,为新中国的成立奠定了理论基础和政策基础,实际上规划了建设新中国的蓝图。

9月17日 新政治协商会议筹备会第二次全体会议在北平举行。会议决定将"新政治协商会议"正式定名为"中国人民政治协商会议",并通过《中国人民政治协商会议组织法(草案)》《中华人民共和国中央人民政府组织法(草案)》。

9月21日—30日 中国人民政治协商会议第一届全体会议在北平举行。会议通过起临时宪法作用的《中国人民政治协商会议共同纲领》,规定中华人民共和国的国体是工人阶级领导的、以工农联盟为基础的人民民主专政,政体是实行民主集中制的人民代表大会制度。会议还通过《中国人民政治协商会议组织法》《中华人民共和国中央人民政府组织法》。会议决定国都定于北平,北平改名为北京;纪年采用公元;以《义勇军进行曲》为代国歌;国旗为五星红旗。会议选举出中央人民政府委员会,毛泽东为中央人民政府主席。

中国人民政治协商会议的举行,标志着一百多年来中国人民争取民族独立和人民解放运动取得了历史性的伟大胜利,标志着爱国统一战线和全国人民大团结在组织上完全形成,标志着中国共产党领导的多党合作和政治协商制度正式确立。

社会主义革命和建设时期

　　这一时期,我们党在团结带领人民自力更生、发愤图强,创造社会主义革命和建设伟大成就的历史进程中,彻底废除了国民党政府的旧法统,彻底废除了列强强加给中国的不平等条约和帝国主义在中国的一切特权,积极运用新民主主义革命时期根据地法制建设的成功经验,领导制定了"五四宪法"和国家机构组织法、选举法、婚姻法、土地改革法、惩治反革命条例、惩治贪污条例等一系列重要法律法规,确立了新中国的根本政治制度、经济制度和立法、行政、司法体制制度,建立起社会主义法制框架体系,普遍建立起各级人民代表大会、人民政府、人民法院、人民检察院,迅速开展了法学教育培训,初步奠定了社会主义法治的基础,为进行社会主义革命、巩固社会主义政权、推进社会主义建设提供了坚实保障。

1949 年（10 月—12 月）

10 月 1 日　中华人民共和国中央人民政府成立。下午 2 时,中央人民政府委员会召开第一次会议,一致决议接受《中国人民政治协商会议共同纲领》为施政纲领,任命周恩来为中央人民政府政务院总理兼外交部部长,毛泽东为人民革命军事委员会主席,朱德为人民解放军总司令,沈钧儒为中央人民政府最高人民法院院长,罗荣桓为中央人民政府最高人民检察署检察长。下午 3 时,庆祝中华人民共和国中央人民政府成立典礼在北京天安门广场隆重举行。毛泽东宣告中央人民政府成立。12 月 2 日,中央人民政府委员会第四次会议决定,每年的 10 月 1 日为中华人民共和国国庆日。

中华人民共和国的成立,实现民族独立、人民解放,彻底结束了旧中国半殖民地半封建社会的历史,彻底结束了极少数剥削者统治广大劳动人民的历史,彻底结束了旧中国一盘散沙的局面,彻底废除了列强强加给中国的不平等条约和帝国主义在中国的一切特权,实现了中国从几千年封建专制政治向人民民主的伟大飞跃,也极大改变了世界政治格局,鼓舞了全世界被压迫民族和被压迫人民争取解放的斗争。中国共产党成为在全国范围执掌政权的党。

10 月 19 日　中央人民政府委员会举行第三次会议,任命董必武为政务院政治法律委员会主任,谭平山为人民监察委员会主任,谢觉哉为内务部部长,罗瑞卿为公安部部长,史良为司法部部长,陈绍禹为法制委员会主任委员。

10月21日 中央人民政府政务院成立。

同日 政务院政治法律委员会召开第一次会议。根据《中华人民共和国中央人民政府组织法》,政治法律委员会负责指导内务部、公安部、司法部、法制委员会和民族事务委员会的工作。1951年5月31日,政务院、最高人民法院、最高人民检察署发布关于省(市、行署)以上人民政府建立政治法律委员会的指示。1954年,政务院政治法律委员会撤销。

10月22日 中央人民政府最高人民检察署成立。1954年,更名为中华人民共和国最高人民检察院。1968年12月,最高人民检察院撤销。1978年5月,中共中央发出通知,重新设置人民检察院。

同日 中央人民政府最高人民法院成立。1954年,更名为中华人民共和国最高人民法院。

10月25日 中央人民政府海关总署成立。1950年3月,政务院发布《关于关税政策和海关工作的决定》。随后,《中华人民共和国暂行海关法》和新的海关税则相继公布,并由国家管制对外贸易,实行进出口许可证制度。中国海关由此完全掌握在中国人民自己手中。

10月30日 中央宣传部及新华总社就宣传工作中应注意事项发出给新华社各总分社和各地党报的指示。指出,在中央人民政府成立后,凡属政府职权范围的事,应经由政府讨论决定,由政府明令颁布实施。其属于全国范围者应由中央政府颁布,不再以中国共产党名义颁布行政性质的决定、决议或通知。

11月1日 中央人民政府公安部开始办公,启用印信。11月5日,公安部举行成立大会。1954年,更名为中华人民共和国公安部。

同日 中央人民政府司法部成立。1954年,更名为中华人民共和国司法部。1959年4月,二届全国人大一次会议决定撤销司法部。1979年9月,五届全国人大常委会第十一次会议决定设立司法部。

11月9日 中共中央决定成立中央及各级党的纪律检查委员会,朱德兼任中央纪律检查委员会书记。

同日 中共中央作出《关于在中央人民政府内组织中国共产党党委会的决定》和《关于在中央人民政府内建立中国共产党党组的决定》。各级政府机关普遍建立党的组织,加强党的领导。

11月21日 北京市第二届各界人民代表会议通过封闭妓院的决议。随后,全国各地相继采取行动封闭妓院,共查封妓院8400余所。1950年2月24日,政务院发布《关于严禁鸦片烟毒的通令》,禁止贩运制造及售卖、吸食烟毒。1952年4月,中共中央发布《关于肃清毒品流行的指示》,重点打击制毒、贩毒的罪犯。在全社会禁毒的强大压力下,全国坦白登记的毒犯总数达36万多人。人民政府还开展了严禁赌博活动的斗争,各地明令禁止赌博,坚决取缔各种赌博场所。经过3年左右的努力,曾在旧中国屡禁不止的娼、毒、赌等社会顽疾基本禁绝。

12 月 4 日　中央人民政府公布《省各界人民代表会议组织通则》《市各界人民代表会议组织通则》《县各界人民代表会议组织通则》。地方各级各界人民代表会议先后由各地人民政府召开,代行人民代表大会职权,成为人民代表大会召开前的一种过渡形式。

同日　经中央人民政府委员会第四次会议批准,政务院公布《政务院及所属各机关组织通则》,规定了政务院及其所属各机关的机构设置、人员职称和会议制度等。

12 月 18 日　政务院公布《大行政区人民政府委员会组织通则》。为保证中央政令的统一和有力贯彻执行,中央人民政府决定在全国成立东北、华东、中南、西南、西北 5 个大行政区。1951 年 12 月,确定华北列为大行政区一级。1954 年,各大行政区先后撤销。

12 月 23 日　政务院公布《全国年节及纪念日放假办法》。该办法先后于 1999 年、2007 年、2013 年修改。

1950 年

1 月 5 日 政务院公布《关于任免工作人员的暂行办法》,对政务院提请中央人民政府委员会批准任免的干部和政务院任免或批准任免的干部分别作了具体规定。1951 年 11 月 5 日,中央人民政府公布《中央人民政府任免国家机关工作人员暂行条例》,对中央人民政府委员会和政务院的干部任免权限和范围作了进一步调整。

1 月 6 日 北京市军事管制委员会颁发布告,宣布收回在京的外国兵营地产,征用兵营及其他建筑。天津、上海等地也先后收回、征用外国兵营地产。帝国主义国家在中国大陆的驻军权被彻底取消。

1 月 7 日 政务院公布《省人民政府组织通则》《市人民政府组织通则》《县人民政府组织通则》,地方各级政府的建立有了初步的法规依据。到 1951 年,全国共成立 29 个省、1 个省级民族自治区、8 个省级行政公署、13 个直辖市人民政府,140 个省辖市人民政府及 2283 个县人民政府,形成从中央到地方的一整套政权机构。

1 月 30 日 政务院颁布《关于统一全国税政的决定》,决定以《全国税政实施要则》作为今后整理和统一全国税政、税务的具体方案。

2月14日 中国同苏联签订《中苏友好同盟互助条约》及有关协定。这是新中国外交取得的重大成果。

3月3日 政务院作出《关于统一国家财政经济工作的决定》,决定统一全国财政收入、物资调度、现金管理,形成以集中统一为基础的财经管理体制的雏形。

3月18日 中共中央、中央人民政府人民革命军事委员会发出指示。指出,剿灭土匪是当前全国革命斗争的一个重要阶段,是建立和恢复各级地方人民政权,以及开展其他一切工作的必要前提。为此,人民解放军展开大规模的剿匪斗争。到1951年上半年,大陆上的匪患基本平息。

4月 交通部颁布《关于外籍轮船进出口管理暂行办法》《进出口船舶船员旅客行李检查暂行通则》;7月,政务院财政经济委员会发布《关于统一航务港务管理的指示》。此后,外国轮船未经中国政府批准不许驶入中国内河。中国领水主权至此全部恢复。

5月1日 中央人民政府公布《中华人民共和国婚姻法》。规定,废除包办强迫、男尊女卑、漠视子女利益的封建婚姻制度,实行男女婚姻自由、一夫一妻、男女权利平等、保护妇女和子女合法利益的新婚姻制度。这是新中国成立后制定的第一部具有基本法律性质的法律,为广大妇女从封建婚姻制度的束缚下解放出来提供了法律保障。1980年9月10日,五届全国人大三次会议通过新制定的《中华人民共和国婚姻法》;该法于2001年修改。

6月29日 中央人民政府公布《中华人民共和国工会法》,对工会的性质、权利与责任、基层组织、经费等作出规定,对劳动条件、工资福利、劳动仲裁等有关问题赋予依据,社会主义新型生产关系开始建立起来。1992年4月3日,七届全国人大五次会议通过新制定的《中华人民共和国工会法》;该法先后于2001年、2009年修改。

6月30日 中央人民政府公布《中华人民共和国土地改革法》。到1952年年底,除一部分少数民族地区外,土地改革在中国大陆基本完成。包括老解放区在内,全国约3亿无地少地的农民无偿获得约7亿亩土地,封建土地所有制被彻底摧毁,农民真正成为土地的主人。

7月20日 经中央人民政府主席批准,政务院公布《人民法庭组织通则》,规定省及省以上人民政府得视情况的需要,以命令成立或批准成立县(市)人民法庭。

7月26日—8月11日 最高人民法院、最高人民检察署、司法部、法制委员会共同召开第一届全国司法会议,明确了司法工作主要任务和基本路线,初步划清了新旧法律以及新旧司法制度的界限。

10月1日 政务院副总理兼政治法律委员会主任董必武在《人民日报》发表文章,指出"必须建立人民的司法制度和进行法治的建设"。这是政务院领导第一次明确提出"进行法治的建设"。

10月10日 中共中央发出《关于镇压反革命活动的指示》,决定对罪大恶极、怙恶不悛的反革命分子实行坚决镇压。据此,各地党委广泛发动群众,开始了大规模的镇压反革命运动。1951年2月21日,中央人民政府公布《中华人民共和国惩治反革命条例》,使镇压反革命运动有法可依、量刑有据。对犯有死罪但民愤不深的反革命分子,中共中央还作出"应大部采取判处死刑缓期执行政策"的决定,这是新中国的一个司法创举,具有深远的意义。到1951年10月底,全国规模的镇压反革命运动基本结束。

10月24日 政务院审订《中央人民政府司法部试行组织条例》,规定司法部主持全国司法行政事宜,负责司法行政政策厘订,地方审检机关设置、废止或合并及其管辖区域的划分与变更,司法干部教育训练、登记分配任免,律师工作组织与指导,公证管理等工作。

11月3日 政务院发出《关于加强人民司法工作的指示》,要求在全国范围内逐步建立和健全人民司法制度。

11月21日 政务院公布《城市郊区土地改革条例》,为适应城市建设与工商业发展的需要及城市郊区农业生产的特殊情况,对土地的没收、征收及分配办法作出具体规定。

11月30日 司法部、公安部发出《关于监狱、看守所和劳动改造队移转归公安部门领导的指示》。1983年,公安部、司法部印发《关于贯彻执行中央将劳改、劳教工作移交给司法行政部门管理的若干规定》。

12月19日 北京市人民政府发出布告,规定严厉取缔一贯道及所有反动会道门办法。由此带动全国各地展开了一律取缔以推翻人民政府为目的的反动会道门的斗争。

同日 政务院公布《税务复议委员会组织通则》,为建立新中国的行政复议制度作了重要探索。

12月28日 政务院发布《关于管制美国在华财产冻结美国在华存款的命令》。指出,鉴于美国政府已宣告管制我国在美国的公私财产,加剧对我国的敌视破坏活动,决定管制美国政府和美国企业在华的一切财产,冻结一切美国在华公私存款。

12 月 30 日　政务院公布《乡(行政村)人民代表会议组织通则》《乡(行政村)人民政府组织通则》,确定乡为我国最基层政权。1950 年,政务院还公布、批准了《契税暂行条例》《社会团体登记暂行办法》《救济失业工人暂行办法》《农民协会组织通则》《商标注册暂行条例》《私营企业暂行条例》《对外贸易管理暂行条例》等行政法规。

本年起　国营工矿交通企业开展民主改革,废除了旧社会遗留的官僚管理机构和封建把头制、搜身制等,建立工厂管理委员会,并通过工会委员会、职工代表会议,发动和组织职工参加企业管理,初步建立起适合生产需要的民主管理制度,有力促进了工业生产和交通运输业的恢复和发展。

1951 年

2 月 1 日 中央人民政府人民革命军事委员会总参谋部颁布试行中国人民解放军内务条令、纪律条令、队列条令(以下统称共同条令)三个草案,标志着人民军队共同条令体系形成,部队正规化建设有了基本依据。1953 年 5 月 1 日,共同条令经修改后由中央军委正式颁布。此后,共同条令历经数次修订,内容日益完善。2018 年 4 月,中央军委发布新修订的《中国人民解放军内务条令(试行)》《中国人民解放军纪律条令(试行)》《中国人民解放军队列条令(试行)》。

2 月 26 日 政务院公布《中华人民共和国劳动保险条例》。这是新中国第一部全国统一的社会保险法规。自此,工人群众的生、老、病、死、伤、残等困难得到初步解决。

4 月 24 日 政务院发出《关于人民民主政权建设工作的指示》。指示要求各级人民政府必须按期召开人民代表会议;各级人民政府的一切重大工作,应向各该级人民代表会议提出报告,并在人民代表会议上进行讨论与审查;一切重大问题应经代表会议讨论并作出决定。到 1952 年年底,人民代表会议制度在全国普遍实行。

5 月 23 日 中央人民政府和西藏地方政府在北京签订《关于和平解放西藏办法的协议》(十七条协议),宣告西藏和平解放。10 月 26 日,人民解放军进藏部队进驻拉萨。

6 月 8 日 经中央人民政府主席批准,政务院公布《保守国家机密暂行条例》。

7 月 20 日 政务院批准政治法律委员会筹设中央政法干部学校,直属政治法律委员会领导。1952 年 1 月 8 日,中央政法干部学校开学。

8 月 17 日 北京市军事管制委员会军法处开庭审理震惊全国的外国间谍阴谋炮击天安门案,依法判处主犯李安东(意大利籍)、山口隆一(日本籍)死刑。此前,李安东和山口隆一等间谍分子妄想在新中国成立周年之际炮轰天安门检阅台,谋害党和国家领导人,制造混乱。这是新中国第一起反间谍案。

8 月 19 日 政务院公布《预算决算暂行条例》。1951年,政务院还公布、批准了《医院诊所管理暂行条例》《医师暂行条例》《中医师暂行条例》《中医诊所管理暂行条例》《枪支管理暂行办法》《中华人民共和国矿业暂行条例》等行政法规。

9 月 4 日 中央人民政府公布《中华人民共和国人民法院暂行组织条例》,规定了人民法院的性质、审判组织以及与同级人民政府的关系等,确定了我国审判制度的各项基本内容。

同日 中央人民政府公布《中央人民政府最高人民检察署暂行组织条例》《各级地方人民检察署组织通则》,规定了各级人民检察署的性质、组织、职权及与其他有关机关的关系,确定了我国检察制度的各项基本内容。

9 月 26 日　政务院发出《关于检查婚姻法执行情况的指示》。10月下旬,由最高人民法院、最高人民检察署等19个单位派人组成婚姻法执行情况中央检查组,分赴华东、中南、西北、华北进行检查,历时近两个月。

12 月 1 日　中共中央作出《关于实行精兵简政、增产节约、反对贪污、反对浪费和反对官僚主义的决定》,向全党提出警告:"一切从事国家工作、党务工作和人民团体工作的党员,利用职权实行贪污和实行浪费,都是严重的犯罪行为。"随后,"三反"运动在全国展开,到1952年10月结束。运动中抓住重大典型案件严肃处理,先后任天津地委书记的刘青山、张子善被查处并判处死刑。

1952 年

1 月 26 日　中共中央发出《关于首先在大中城市开展"五反"斗争的指示》,要求在全国大中城市向违法的资本家开展反对行贿、反对偷税漏税、反对盗骗国家财产、反对偷工减料和反对盗窃经济情报的斗争。"五反"运动到 10 月结束,有力打击了不法资本家严重的"五毒"行为,在工商业者中普遍进行了一次守法经营教育。

4 月 21 日　中央人民政府公布《中华人民共和国惩治贪污条例》。这是新中国第一部反腐败国家立法。

6 月 23 日—30 日　第一次全国劳动改造工作会议召开。会议确定了劳改工作方针,作出了罪犯管理教育、劳改队政治工作制度、劳改机关机构等决议案,奠定了新中国监狱制度的基础。

6 月　政务院政治法律委员会部署开展司法改革。7 月16 日,中央司法改革办公室成立,协助中央推动指导司法改革工作。到 1953 年 2 月底,全国司法改革运动基本结束,清理了当时各级人民法院积压的大批案件,基本上改变了过去组织不纯的严重现象,严肃批判了旧的、错误的法律思想和观点。

7 月　美国间谍约翰·托马斯·唐奈等 11 人先后进入

中国国境进行间谍活动,于11月后相继被逮捕。1954年11月23日,最高人民法院对唐奈等人作出宣判,分别判处了有期徒刑、无期徒刑、死刑。

8月9日 中央人民政府公布《中华人民共和国民族区域自治实施纲要》,规定了民族自治地方的建立、自治机关的组成和自治权利等重要问题。此前成立的内蒙古自治政府已于1949年12月2日改称内蒙古自治区人民政府。1955年10月1日,新疆维吾尔自治区成立。1958年3月5日,广西僮族自治区成立(1965年10月12日改称广西壮族自治区)。1958年10月25日,宁夏回族自治区成立。1965年9月9日,西藏自治区成立。

8月15日 经中央人民政府委员会第十七次会议批准,政务院公布《关于与外国订立条约、协定、议定书、合同等的统一办法之决定》。

8月16日 政务院公布《期刊登记暂行办法》。1952年,政务院还公布、批准了《治安保卫委员会暂行组织条例》《外籍轮船进出口管理暂行办法》《关于处理行政区划变更事项的规定》等行政法规。

1953 年

1 月 13 日　中央人民政府委员会第二十次会议通过《关于召开全国人民代表大会及地方各级人民代表大会的决议》,确定于 1953 年召开由人民用普选方法产生的乡、县、省(市)各级人民代表大会,并在此基础上召开全国人民代表大会,制定宪法,批准国家五年建设计划纲要和选举新的中央人民政府;决定成立以毛泽东为主席的宪法起草委员会和以周恩来为主席的选举法起草委员会。

2 月 28 日　上海市人民法庭以行贿、偷逃漏税、盗骗国家资财等罪行,依法判处盗骗中国人民志愿军购药款、出售伪劣医药用品坑害志愿军指战员的上海大康药房资本家王康年死刑,立即执行。

3 月 1 日　《中华人民共和国全国人民代表大会及地方各级人民代表大会选举法》公布施行。经过一年多的工作,全国进行基层选举的单位为 21.4 万余个,登记选民总数为 3.23 亿多人,选举出基层人民代表大会代表,并逐级召开地方各级人民代表大会。在此基础上,选举产生出席全国人民代表大会的代表。这是中国历史上第一次全国性普选。

3 月　根据中共中央和政务院的指示,全国开展了宣传贯彻婚姻法的运动月活动,利用多种方式向广大人民群众展开宣传。经过这次活动,在全国大部分地区,封建婚姻制度已被摧毁,婚姻自由、男女平等的社会风气开始形成。

4月11日—25日 第二届全国司法会议召开。会议的中心任务是总结司法改革运动的经验和讨论今后司法机关的主要工作以及本身的建设健全问题。会议规定县、市人民法院派出专门处理有关选举诉讼案件的人民法庭,以保障普选工作的具体办法;规定在工矿区和铁路、水运沿线方面有重点有步骤地建立专门法庭;确定了有领导地开展民间调解工作、在县级逐步普遍地建立巡回法庭、在一审中建立陪审制等一系列举措,并决定加强各级司法行政机构。

4月22日 中国政治法律学会正式成立,董必武任学会主席。该学会是新中国第一个全国性法律团体,当时被列为全国八大人民团体之一。

5月15日 中苏两国政府签订《关于苏维埃社会主义共和国联盟政府援助中华人民共和国中央人民政府发展中国国民经济的协定》。

5月18日 中共中央印发《关于中央一级各部门派人下去检查工作的几项规定》。

7月27日 《关于朝鲜军事停战的协定》在板门店签署。抗美援朝战争以中朝人民的胜利和美国的失败而告结束。

10月16日 天津铁路沿线专门法院和天津铁路沿线专门检察署正式成立。这是全国最先成立的铁路沿线专门法院和铁路沿线专门检察署。

12月5日 经中央人民政府主席批准,政务院公布《关于国家建设征用土地办法》。

12月28日—翌年3月 毛泽东带领宪法起草小组部分成员在杭州开展宪法起草工作,完成四读稿。随后,中央政治局连续召开3次扩大会议进行讨论修改,并提交全国政协常委会讨论,修改后形成宪法草案初稿,提交宪法起草委员会。1954年3月至6月,宪法起草委员会先后举行7次正式会议,对草案初稿进行研究和讨论。

12月 从1952年下半年开始的全国高等学校院系调整工作基本完成。调整后有高等政法学院4所,分别是北京政法学院、华东政法学院、中南政法学院、西南政法学院;另有中国人民大学、武汉大学、东北人民大学(1958年更名为吉林大学)设法律系。1954年,北京大学复设法律系。1963年,西安政法学院更名为西北政法学院。上述院系后被称为法学教育的"五院四系"。"文化大革命"期间,除北京大学法律系和吉林大学法律系外,其他法学院系均被撤销、停办。"文化大革命"结束后,法学教育陆续恢复,进入快速发展阶段。

1954 年

1月5日　中共中央发布《关于处分党的组织及党员的批准权限和手续的规定（草案）》。

1月　中央人民政府人民革命军事委员会决定成立中国人民解放军军事法庭,统一管理全军军事审判工作;11月,更名为中国人民解放军军事法院。1969年年底被撤销。1978年10月恢复设置。

3月22日　政务院公布《人民调解委员会暂行组织通则》,使人民调解工作有了统一的法定依据。

4月15日　中共中央、中央人民政府人民革命军事委员会颁布新中国成立后第一部《中国人民解放军政治工作条例（草案）》,对军队政治工作的性质、任务、职责、组织形式、工作方法等作了明确规定。该条例先后8次修订,2020年修订时更名为《军队政治工作条例》。

6月14日　中央人民政府委员会第三十次会议通过《中华人民共和国宪法（草案）》,并决定交付全国人民讨论。毛泽东在会上指出,一个团体要有一个章程,一个国家也要有一个章程,宪法就是一个总章程,是根本大法;用宪法这样一个根本大法的形式,把人民民主和社会主义原则固定下来,使全国人民有一条清楚的轨道,使全国人民感到有一条清楚的明确的和正确的道路可走,就可以提高全国人民的积极性;搞宪法是搞科学。在此后近 3 个月时间里,全国有 1.5 亿余人参加宪法讨论活动,提出 52 万多件意见。

6 月 28 日、29 日 周恩来在访问印度、缅甸期间,分别与印度总理尼赫鲁和缅甸总理吴努发表《联合声明》,共同倡导和平共处五项原则。此前,1953 年 12 月 31 日,周恩来在接见参加中印有关问题谈判的印度代表团时首次提出和平共处五项原则。

9 月 5 日 政务院公布《公私合营工业企业暂行条例》。1954 年,政务院还公布了《输出输入商品检验暂行条例》《劳动改造罪犯刑满释放及安置就业暂行处理办法》《中华人民共和国劳动改造条例》《中华人民共和国海港管理暂行条例》等行政法规。

9 月 15 日—28 日 一届全国人大一次会议举行。会议选举毛泽东为国家主席,刘少奇为全国人大常委会委员长;决定周恩来为国务院总理;选举董必武为最高人民法院院长,张鼎丞为最高人民检察院检察长;决定设立国防委员会,毛泽东兼任国防委员会主席。全国人民代表大会的召开,标志着人民代表大会制度在全国范围内建立起来。

会议通过《中华人民共和国宪法》(五四宪法)。这是在《共同纲领》基础上制定的中华人民共和国第一部宪法,也是一部社会主义类型的宪法,除序言外,分为总纲,国家机构,公民的基本权利和义务,国旗、国徽、首都 4 章共 106 条,明确了新中国的国体是人民民主专政的国家,政体是实行民主集中制的人民代表大会制度,规定了国家在过渡时期的总任务等。

"五四宪法"以根本法的形式确认了近代一百多年来中国人民为反对内外敌人、争取民族独立和人民自由幸福进行的英勇斗争,确认了中国共产党领导中国人民夺取新民主主义革命胜利、中国人民掌握国家权力的历史变革,确定了中国人民行使当家作主权利的政治制度,指明了为建立社会主义社会继续奋斗的正确道路。会议还根据宪法通过了全国人民代表大会、国务院、地方各级人民代表大会和地方各级人民委员会、人民法院、人民检察院等各项组织法,对我国政权建设和制度建设具有开创性意义。

9月 国务院设立中华人民共和国监察部,此前设立的政务院人民监察委员会撤销。1959年4月28日,二届全国人大一次会议决定撤销监察部。1986年12月2日,六届全国人大常委会第十八次会议决定设立中华人民共和国监察部,恢复并确立国家行政监察体制。

11月9日 《中国人民解放军薪金、津贴暂行办法》公布。1955年1月,解放军开始实行薪金制,结束了长期实行的供给制。

11月18日 《人民日报》发表社论《加强守法教育》。指出,人人遵守宪法和法律,人人在法律上一律平等,这是我们国家的法制原则,任何人不得破坏;我们的宪法和法律越有威力,我们的革命法制越加健全,人民的权利和利益、国家的社会主义建设就越有充分保障。

11月 国务院设置法制局。1959年6月,国务院法制局撤销。1986年4月,国务院将1980年5月设立的国务院办公厅法制局和1981年7月设立的国务院经济法规研究中心合并,重新成立国务院法制局。1998年3月,成立国务院法制办公室,作为国务院办事机构。

12月20日 一届全国人大常委会第三次会议通过《中华人民共和国逮捕拘留条例》。1979年2月23日,五届全国人大常委会第六次会议通过新制定的《中华人民共和国逮捕拘留条例》。

12月31日 一届全国人大常委会第四次会议通过《城市居民委员会组织条例》《城市街道办事处组织条例》《公安派出所组织条例》。这是我国第一次以法律形式系统规定居民委员会、街道办事处、公安派出所的法律地位、任务、组织结构等。

1955 年

2 月 8 日　一届全国人大常委会第六次会议通过《中国人民解放军军官服役条例》。

3 月 1 日　《中华人民共和国国务院公报》正式出版发行。1957 年 4 月,《中华人民共和国全国人民代表大会常务委员会公报》正式出版发行。上述公报均于 1966 年停刊,1980 年复刊。

3 月 11 日　最高人民法院审判委员会第一次会议召开,宣布最高人民法院审判委员会正式成立。

3 月 21 日—31 日　中国共产党全国代表会议举行。会议通过《关于成立党的中央和地方监察委员会的决议》等。董必武任中央监察委员会书记。原有的中央及地方各级党的纪律检查委员会撤销。

6 月 1 日　国务院批准《传染病管理办法》,明确对甲乙两类共计 18 种传染病依法管理。

6 月 23 日　一届全国人大常委会第十七次会议通过《关于解释法律问题的决议》。规定,凡关于法律、法令条文本身需要进一步明确界限或作补充规定的,由全国人民代表大会常务委员会分别进行解释或用法令加以规定;凡关于审判过程中如何具体应用法律、法令的问题,由最高人民法院审判委员会进行解释。

7月30日　一届全国人大二次会议通过《中华人民共和国兵役法》。自1956年起,人民解放军由志愿兵役制改为义务兵役制。1984年5月31日,六届全国人大二次会议通过新制定的《中华人民共和国兵役法》;该法先后于1998年、2009年、2011年修改。

会议还通过《关于授权常务委员会制定单行法规的决议》,授权常务委员会依照宪法的精神、根据实际的需要,适时制定部分性质的法律,即单行法规。

8月25日　国务院公布《农村粮食统购统销暂行办法》《市镇粮食定量供应暂行办法》。1955年,国务院还公布、批准了《婚姻登记办法》《城市交通规则》《中国科学院科学奖金暂行条例》等行政法规。

11月　最高人民检察院军事检察院成立。1965年6月,更名为中国人民解放军军事检察院。1969年11月被撤销。1978年12月恢复设置。

本年　根据国务院常务会议关于整理法规的决议,国务院法制局对原政务院制定的250件行政法规进行清理,最后修改64件、废止144件。此后,国务院先后于1983年、1990年、2000年、2007年、2010年、2019年部署开展对行政法规的全面清理工作。

1956 年

2 月 20 日—3 月 7 日　第三届全国司法工作会议召开。会议提出法院审判要以事实为根据,法律为准绳,对我国司法实践起到重要指导和统领作用,具有深远历史意义。

3 月 17 日　一届全国人大常委会第三十三次会议通过《农业生产合作社示范章程》。6 月 30 日,一届全国人大三次会议通过《高级农业生产合作社示范章程》,推动初级社向高级社转变、土地农民所有向合作社集体所有转变。到 12 月底,我国基本完成对个体农业的社会主义改造。

4 月 25 日、5 月 2 日　毛泽东先后在中央政治局扩大会议和最高国务会议上作《论十大关系》的报告。在论及"中央和地方的关系"时指出,在不违背中央方针的条件下,按照情况和工作需要,地方可以搞章程、条例、办法,宪法并没有约束。我们要统一,也要特殊。为了建设一个强大的社会主义国家,必须有中央的强有力的统一领导,必须有全国的统一计划和统一纪律,破坏这种必要的统一,是不允许的。同时,又必须充分发挥地方的积极性,各地都要有适合当地情况的特殊。

4 月　中国国际贸易促进委员会组织设立对外贸易仲裁委员会。该会先后于 1980 年、1988 年更名为对外经济贸易仲裁委员会、中国国际经济贸易仲裁委员会；2000年同时启用中国国际商会仲裁院的名称。该会以仲裁的方式,独立公正地解决国际国内的经济贸易争议及国际投资争端。

5月25日 国务院公布《工厂安全卫生规程》《建筑安装工程安全技术规程》《工人职员伤亡事故报告规程》。1956年,国务院还公布、批准了《关于建筑业实行八小时、小礼拜工作制度的规定》《防止沥青中毒办法》等行政法规。

6月9日—7月20日 根据全国人大常委会关于处理在押日本侵略中国战争中战争犯罪分子的决定,最高人民法院组织特别军事法庭,分别在沈阳、太原两地对铃木启久、武部六藏等45名日本战争犯罪分子进行了审判,依法判处各被告人8年至20年有期徒刑。这是第一次在中国的土地上、不受任何外来干扰对外国侵略者进行的独立审判,是二战后国际法治进程中的重要历史见证。此外,最高人民检察院先后于6月21日、7月18日、8月21日分3批对在押的1017名日本战争犯罪分子宣布免予起诉,并立即释放。

7月6日 中共中央法律委员会成立并召开第一次会议。会议确定中央法律委员会的主要任务是:办理中央交办的工作,研究法律工作的方针政策和法律部门的分工制约等问题,不受理具体案件;各有关部门的党组直接对中央负责。此前,1955年12月7日,董必武写信给刘少奇并报毛泽东,建议在党中央设立法律委员会或法律工作组,以加强党中央对国家法律部门的统一领导。

7月10日 国务院批准《司法部关于建立律师工作的请示报告》,明确了律师的任务、律师组织的性质和从事律师工作人员的条件等。新中国的人民律师制度正式确立。此前，司法部于1954年7月开始在北京、上海、天津等大城市试办律师工作。

同日 国务院批准《司法部关于开展公证工作的请示报告》，明确了公证的性质、公证机关的设立和建制等。

9月15日—27日 中国共产党第八次全国代表大会举行。大会指出，社会主义改造已取得决定性胜利，社会主义制度已基本上建立。国内的主要矛盾，已经是人民对于建立先进的工业国的要求同落后的农业国的现实之间的矛盾，已经是人民对于经济文化迅速发展的需要同当前经济文化不能满足人民需要的状况之间的矛盾。大会同时指出，必须进一步加强人民民主的法制，巩固社会主义建设的秩序；国家必须根据需要，逐步地系统地制定完备的法律；一切国家机关和国家工作人员必须严格遵守国家的法律，使人民的民主权利充分地受到国家的保护。

大会着重提出加强执政党建设的问题，通过新修订的《中国共产党章程》。这是党在全国执政后制定的第一部党章。新党章根据执政党的特点，提出全面开展社会主义建设的任务，对贯彻党的民主集中制的根本原则作出许多新的规定，对党员提出更高的标准和要求，增加所有党员都要"严格地遵守党章和国家的法律"等内容，对党的组织机构等也作了若干新的规定。

随后于9月28日召开的中共八届一中全会选举毛泽东为中央委员会主席，邓小平为中央委员会总书记，董必武为中央监察委员会书记。

9 月 19 日 董必武在党的八大上作《进一步加强人民民主法制,保障社会主义建设事业》的发言。提出,依法办事是进一步加强人民民主法制的中心环节。依法办事有两方面的意义:一是必须有法可依;二是有法必依。

1957 年

1 月 27 日 毛泽东在省市自治区党委书记会议上讲话指出,一定要守法,不要破坏革命的法制。法律是上层建筑。我们的法律,是劳动人民自己制定的。它是维护革命秩序,保护劳动人民利益,保护社会主义经济基础,保护生产力的。

6 月 25 日 一届全国人大常委会第七十六次会议通过《中华人民共和国人民警察条例》。

9 月 12 日 国务院公布《国务院任免行政人员办法》。1957 年,国务院还批准了《国内植物检疫试行办法》《爆炸物品管理规则》《中华人民共和国打捞沉船管理办法》等行政法规。

10 月 22 日 一届全国人大常委会第八十一次会议通过《中华人民共和国治安管理处罚条例》。1986 年 9 月 5 日,六届全国人大常委会第十七次会议通过新制定的《中华人民共和国治安管理处罚条例》。

11 月 6 日 一届全国人大常委会第八十三次会议通过《县级以上人民委员会任免国家机关工作人员条例》。

11 月 14 日 一届全国人大常委会第八十四次会议通过《关于省、直辖市人民代表大会会议可以每年举行一次的决定》。

11 月 30 日 经一届全国人大常委会第八十六次会议批准,国务院公布《消防监督条例》。

12 月 23 日 一届全国人大常委会第八十八次会议通过《中华人民共和国国境卫生检疫条例》,初步建立起我国的国境卫生检疫制度。

1958 年

1月9日 一届全国人大常委会第九十一次会议通过《中华人民共和国户口登记条例》。这是我国目前已生效时间最长的一部法律。

2月9日 经一届全国人大常委会第八十五次会议原则批准,国务院公布《关于工人、职员退休处理的暂行规定》《关于工人、职员回家探亲的假期和工资待遇的暂行规定》。1981年3月14日,经五届全国人大常委会第十七次会议批准,国务院公布《关于职工探亲待遇的规定》。

5月3日 国务院公布《关于处理义务兵退伍的暂行规定》。1958年,国务院还公布、批准了《关于现役军官退休处理的暂行规定》《中华人民共和国非机动船舶海上安全航行暂行规则》等行政法规。

6月10日 中共中央发出《关于成立财经、政法、外事、科学、文教各小组的通知》,指出这些小组直属中央政治局和书记处。其中,彭真为中央政法小组组长。"文化大革命"期间,中央政法小组被撤销。

8月17日—30日 中央政治局扩大会议在北戴河召开。会议通过《中共中央关于在农村建立人民公社问题的决议》,把人民公社化运动推向高潮。

9月4日 中国政府发布《中华人民共和国政府关于领海的声明》。声明就领海宽度、领海基线、内海、领海通行等作了规定,对于捍卫国家主权、维护国家海洋权利、发展海上交往、保障国家安全具有重要意义。声明向全世界宣告,台湾和澎湖等地尚待收复,中华人民共和国政府有权采取一切适当的方法,在适当的时候,收复这些地区,这是中国的内政,不容外国干涉。

10月1日 中国科学院法学研究所正式成立。1977年中国社会科学院成立后,法学研究所随之转隶并更名为中国社会科学院法学研究所。

10月6日、13日、26日 《人民日报》相继刊发由毛泽东起草、以国防部部长彭德怀名义发布的《告台湾同胞书》《国防部命令》《再告台湾同胞书》,指出坚持一个中国是国共两党共同的立场,反对美国制造"两个中国",主张国共两党举行谈判、和平解决台湾问题,强调解决台湾问题是中国的内政、不受外国干涉。

1959 年

1 月 22 日　中国国际贸易促进委员会设立海事仲裁委员会。1988 年,更名为中国海事仲裁委员会。该会着重解决海事海商、交通物流争议,是仲裁范围涵盖所有商事争议的全国性、国际化仲裁机构。

3 月 28 日　国务院发布《关于解散西藏地方政府的命令》,决定由西藏自治区筹备委员会行使西藏地方政府职权。此前,3 月 10 日,西藏上层反动集团撕毁关于和平解放西藏办法的"十七条协议",发动武装叛乱。20 日,人民解放军驻藏部队奉命进行平叛作战。22 日,中共中央发出在平叛中实行民主改革的指示。

4 月 18 日—28 日　二届全国人大一次会议举行。会议选举刘少奇为国家主席,朱德为全国人大常委会委员长,决定周恩来为国务院总理;选举谢觉哉为最高人民法院院长,张鼎丞为最高人民检察院检察长。

会议通过《关于西藏问题的决议》,指出西藏现在的社会制度是一种极其落后的农奴制度,西藏自治区筹备委员会应当根据宪法,根据西藏广大人民的愿望和西藏社会经济文化的特点,逐步实现西藏的民主改革。到 1960 年年底,西藏民主改革基本完成,彻底摧毁了政教合一的封建农奴制度,实现百万农奴和奴隶翻身解放。

会议还通过《关于全国人民代表大会常务委员会工作报告的决议》。提出，为了适应社会主义改造和社会主义建设事业发展的需要，大会授权常务委员会在全国人民代表大会闭会期间，根据情况的发展和工作的需要，对现行法律中一些已经不适用的条文，适时地加以修改，作出新的规定。

6月25日 国务院公布《关于统一我国计量制度的命令》。1959年，国务院还公布了《关于工棚或临时宿舍防火和卫生设施的暂行规定》《关于全日制学校的教学、劳动和生活安排的规定》等行政法规。

9月17日 刘少奇签署发布《中华人民共和国主席特赦令》，首批特赦已改恶从善的蒋介石集团和伪满洲国的战争罪犯等。到1975年3月，共分7批特赦了全部589名在押战犯并予以公民权。

1960 年

1 月 28 日　中缅两国签订《中华人民共和国政府和缅甸联邦政府关于两国边界问题的协定》《中华人民共和国和缅甸联邦之间的友好和互不侵犯条约》。10 月 1 日，双方签订《中华人民共和国和缅甸联邦边界条约》。这是中国与邻国成功解决边界问题的第一例，为以后解决类似问题树立了良好范例。此后，中国又陆续与尼泊尔、蒙古、巴基斯坦和阿富汗等国签订了边界协定或条约。

7 月 31 日　国务院批准《公路交通规则》。1960 年，国务院还公布、批准了《放射性工作卫生防护暂行规定》《机动车管理办法》等行政法规。

1961 年

1 月 28 日　国务院批转《关于中、小型化工企业安全生产管理规定》《化学危险物品储存管理暂行办法》《化学危险物品凭证经营、采购暂行办法》《化学危险物品防火管理规则》等行政法规。

3 月 4 日　国务院公布《文物保护管理暂行条例》和《第一批全国重点文物保护单位名单》。第一批全国重点文物保护单位共计 180 处，包括中共一大会址、故宫、莫高窟等。

3 月 15 日—23 日　中央工作会议在广州召开。会议讨论并通过《农村人民公社工作条例（草案）》（农业六十条），对农村政策进行调整，针对民主制度和经营管理制度不健全等问题作出规定，恢复和发展农业生产。随后，工业、商业、手工业、科学、教育、文艺领域也进行调整，并相继制定了工作条例。

1962 年

1 月 30 日　毛泽东在中共中央召开的扩大的中央工作会议(七千人大会)上讲话指出,民主集中制是上了党章的,上了宪法的。要克服我们现在面临的困难,不实行民主是不行的。没有民主集中制,无产阶级专政也不可能巩固。

3 月 22 日　毛泽东在听取关于公安工作的汇报时指出,刑法需要制定,民法也需要制定,没有法律不行。不仅要制定法律,还要编案例,包公、海瑞也是注重亲自问案,进行调查研究的。

9 月 27 日　中共八届十中全会通过《关于加强党的监察机关的决定》。

12 月 30 日　国务院公布《工商企业登记管理试行办法》。1962 年,国务院还公布了《关于国营企业使用临时职工的暂行规定》《工农业产品和工程建设技术标准管理办法》等行政法规。

1963 年

4 月 10 日　经二届全国人大常委会第九十一次会议批准,国务院公布《商标管理条例》。

5 月 27 日　国务院公布《森林保护条例》。1963 年,国务院还公布了《会计人员职权试行条例》《统计工作试行条例》《发明奖励条例》《技术改进奖励条例》等行政法规。

7 月 14 日—25 日　最高人民法院召开第一次全国民事审判工作会议。

11 月 20 日　毛泽东在浙江省诸暨县枫桥镇干部群众创造的"发动和依靠群众,坚持矛盾不上交,就地解决,实现捕人少、治安好"经验材料上作出批示:"要各地仿效,经过试点,推广去做。"1964 年 2 月,第十三次全国公安会议提出在全国推广"枫桥经验"。从此,"枫桥经验"成为全国政法战线的一面旗帜。

12 月 16 日—31 日　最高人民法院召开第一次全国刑事审判工作会议。

1964 年

4 月 13 日　经二届全国人大常委会第一百一十四次会议批准,国务院公布《外国人入境出境过境居留旅行管理条例》。

6 月 8 日　国务院公布《外国籍非军用船舶通过琼州海峡管理规则》。1964 年,国务院还批准、批转了《木材统一送货办法》《古遗址古墓葬调查发掘暂行管理办法》等行政法规。

12 月 21 日—翌年 1 月 4 日　三届全国人大一次会议举行。周恩来在《政府工作报告》中提出:争取在不太长的历史时期内,把我国建设成为一个具有现代农业、现代工业、现代国防和现代科学技术的社会主义强国。会议选举刘少奇为国家主席,朱德为全国人大常委会委员长,决定周恩来为国务院总理;选举杨秀峰为最高人民法院院长,张鼎丞为最高人民检察院检察长。

1965 年

8 月 17 日　国务院批转《食品卫生管理试行条例》。1965 年,国务院还公布、批转了《边防检查条例》《矿产资源保护试行条例》等行政法规。

1966 年

3月15日 国务院批准《国境河流外国籍船舶管理办法》。

5月4日—26日 中央政治局扩大会议召开,通过《中国共产党中央委员会通知》("五一六通知")。8月,中共八届十一中全会召开,通过《中国共产党中央委员会关于无产阶级文化大革命的决定》。这两次会议的召开,标志着"文化大革命"的全面发动。"文化大革命"期间,林彪、江青两个反革命集团利用毛泽东同志的错误,进行了大量祸国殃民的罪恶活动,酿成十年内乱,使党、国家、人民遭到新中国成立以来最严重的挫折和损失,教训极其惨痛。

1967 年

1 月 13 日　　中共中央、国务院颁布《关于在无产阶级文化大革命中加强公安工作的若干规定》("公安六条")。该规定是造成"文化大革命"中大量冤、假、错案的重要原因之一。1979 年 2 月,中共中央撤销该规定。

1968 年

7月3日 中共中央、国务院、中央军委、中央文革发出布告,提出六条措施,严禁破坏交通、抢劫军用列车、冲击解放军机关、杀伤解放军指战员等。24 日,中央再次发出布告,作出六条规定,制止部分地区的武斗事件。

1969 年

4月1日—24日　中国共产党第九次全国代表大会举行。大会肯定了"无产阶级专政下继续革命的理论",使"文化大革命"的错误理论和实践合法化。大会通过的《中国共产党章程》,删去了八大党章的一些正确内容,把"无产阶级专政下继续革命的理论"写进总纲,并取消五大以来设立的监察委员会。九大在思想上、政治上和组织上的指导方针都是错误的。

随后于4月28日召开的中共九届一中全会选举毛泽东为中央委员会主席。

7月23日、8月28日　中央分别对有关省和自治区发出布告和命令,要求无条件停止武斗,解散"山头",上交一切武器装备,恢复铁路、公路交通,加强军政、军民团结,加强各族人民的团结。经过各方面共同努力,9月后,全国范围内大规模的武斗基本平息。

1970 年

3月17日—20日　中共中央召开工作会议,讨论召开四届人大和修改宪法问题。会议一致拥护毛泽东提出的关于召开四届人大和修改宪法的意见。

1971 年

10 月 25 日 第二十六届联合国大会以压倒性多数的票数通过 2758 号决议,恢复中华人民共和国在联合国的一切合法权利,并立即把蒋介石集团的"代表"从联合国及其所属一切机构中驱逐出去。11 月 15 日,中华人民共和国代表团首次出席联合国大会。

10 月 周恩来在毛泽东支持下主持中央日常工作。此后,周恩来提出批判极左思潮,落实党的各项政策,各方面工作有了明显好转。1972 年 12 月,调整工作被迫中断。

1972 年

2月21日—28日 美国总统尼克松访问中国。28日,中美双方在上海发表《联合公报》,标志两国关系正常化进程的开始。《联合公报》列举各自对重大国际问题的不同观点,肯定了两国的社会制度和对外政策有着本质区别,强调双方同意以和平共处五项原则来处理国与国之间的关系。美方表示,台湾海峡两边的所有中国人都认为只有一个中国,台湾是中国的一部分,美国政府对这一立场不提出异议,并确认从台湾撤出全部美国武装力量和军事设施的最终目标。

9月25日—30日 日本国内阁总理大臣田中角荣应邀访问中国,谈判并解决中日邦交正常化问题。29日,中日两国政府发表《联合声明》,宣布即日起建立外交关系。在《联合声明》中,日本方面痛感日本国过去由于战争给中国人民造成的重大损害的责任,表示深刻的反省;中国政府宣布,为了中日两国人民的友好,放弃对日本国的战争赔偿要求。日本国政府承认中华人民共和国政府是中国的唯一合法政府,表示充分理解和尊重中国政府重申"台湾是中华人民共和国领土不可分割的一部分"的立场。

11 月 8 日 第二十七届联合国大会通过决议,将香港、澳门从反殖民主义宣言适用的殖民地名单中删除,明确了香港、澳门不具有殖民地地位。

1973 年

3 月 29 日　根据毛泽东的意见,周恩来主持中央政治局会议,决定邓小平正式参加国务院业务组工作,并以国务院副总理身份参加外事活动。12 月 22 日,中共中央发出通知,邓小平参加中央和中央军委的领导工作。

5 月 30 日　国务院、中央军委公布《保护海底电缆规定》。

8 月 5 日—20 日　国务院召开首次全国环境保护会议,制定《关于保护和改善环境的若干规定(试行草案)》。这是中国第一部环境保护的综合性法规。

8 月 24 日—28 日　中国共产党第十次全国代表大会举行。大会通过的《中国共产党章程》,沿袭了九大党章的总纲和条文,只是作了个别的修改和补充。十大继续肯定九大的政治路线和组织路线。

随后于 8 月 30 日召开的中共十届一中全会选举毛泽东为中央委员会主席。

1974 年

1 月 30 日 国务院公布《中华人民共和国防止沿海水域污染暂行规定》。

4 月 6 日—16 日 邓小平率中国代表团出席联合国大会第六届特别会议。10 日,在会议上全面阐述毛泽东关于"三个世界"划分的理论和中国的对外政策。这是中华人民共和国领导人首次出席联合国会议。

1975 年

1月13日—17日　四届全国人大一次会议举行。会议重申四个现代化的目标;选举朱德为全国人大常委会委员长,任命周恩来为国务院总理、邓小平等为副总理。此前,邓小平在1月5日被任命为中央军委副主席,在1月8日至10日召开的中共十届二中全会上当选为中共中央副主席。

会议通过修改后的《中华人民共和国宪法》。这部宪法继承了"五四宪法"关于国家性质、政权组织形式等的基本规定和基本原则,但在指导思想和一些具体规定上加进了许多错误的、违背社会主义民主和法制原则的内容。

1月20日　四届全国人大常委会第一次会议任命江华为最高人民法院院长。

2月　在毛泽东、周恩来支持下,邓小平开始主持国务院日常工作。7月,开始主持中央日常工作。主持工作期间,根据毛泽东要安定团结、把国民经济搞上去的指示,对全国各方面的工作进行整顿,收到显著成效。11月,整顿被迫中断。

3月5日　中共中央发出《关于加强铁路工作的决定》。要求加强党的集中统一领导,建立健全必要的规章制度,加强组织性纪律性,整顿铁路运输秩序,同各种破坏行为作斗争。该文件不仅是铁路整顿的纲领性文件,对其他领域的整顿也具有指导作用。

5月19日 邓小平在中央军委第十三次常委会议上指出,一定要建立严格的科研生产制度,特别是尖端的东西。没有严格的规章制度,一个小零件就可以毁全局。

5月29日 邓小平在钢铁工业座谈会上提出,必须建立必要的规章制度,执行规章制度宁可要求严一些,不严就建立不起来。

1976 年

4 月 7 日 华国锋被任命为中共中央第一副主席、国务院总理。邓小平被错误地撤销党内外一切职务。

10 月 6 日 中央政治局执行党和人民的意志,毅然粉碎了"四人帮",结束了"文化大革命"这场灾难,为发展社会主义民主、健全社会主义法制、开展社会主义经济建设奠定良好政治基础。

1977 年

7 月 16 日—21 日 中共十届三中全会召开。全会通过关于追认华国锋任中共中央主席、中央军委主席的决议,决定恢复邓小平中共中央副主席、中央军委副主席、国务院副总理等职务。

8 月 12 日—18 日 中国共产党第十一次全国代表大会举行。大会宣告"文化大革命"已经结束,重申在 20 世纪内把中国建设成为社会主义现代化强国,但未能从根本上纠正"文化大革命"的错误。大会通过的《中国共产党章程》,同九大、十大的党章相比,在内容上有了较多修改,但继续肯定了"以阶级斗争为纲"等错误理论。

随后于 8 月 19 日召开的中共十一届一中全会选举华国锋为中央委员会主席。

9 月 24 日 中共中央根据党的十一大通过的党章规定,就在中央各部委和国家机关中建立党组和党委的问题发出通知。

11 月 28 日 国务院公布《关于实行现金管理的决定》。1977 年,国务院还公布、批转了《中华人民共和国计量管理条例(试行)》《国家地震局关于发布地震预报的暂行规定》等行政法规。

1978 年（1 月—12 月）

2 月 26 日—3 月 5 日 五届全国人大一次会议举行。会议重申在 20 世纪内实现四个现代化的奋斗目标；选举叶剑英为全国人大常委会委员长，决定华国锋为国务院总理；选举江华为最高人民法院院长，黄火青为最高人民检察院检察长。

会议通过修改后的《中华人民共和国宪法》。这部宪法恢复了"五四宪法"中一些好的原则和内容，确定了全国人民在新时期的总目标是实现四个现代化，恢复了被撤销的人民检察院制度，但未能彻底纠正 1975 年宪法中的错误。

2 月 恢复高考招生后的第一届法学专业本科生入学。北京大学法律系、吉林大学法律系和湖北财经学院法律系当届共招收政法类本科生 256 人。8 月，西南政法学院等院系恢复法学专业招生。本年全国共招收政法类本科生 696 人。

6 月 2 日 经五届全国人大常委会第二次会议原则批准，国务院公布《关于安置老弱病残干部的暂行办法》和《关于工人退休、退职的暂行办法》。

6 月 中共中央决定成立中央政法小组，协助中央管理最高人民法院、最高人民检察院、公安部、民政部四个部门的一些事情。1980 年 1 月 24 日，中共中央决定成立中央政法委员会，原中央政法小组及其办公室即予撤销。1988 年 5 月至 1990 年 3 月,曾短暂改设为中央政法领导小组。1990 年 3 月 6 日,中共中央决定恢复中央政法委员会,并适当调整其职责任务。

7 月 30 日 国务院公布《药政管理条例》。1978 年,国务院还公布、批准了《麻醉药品管理条例》《中华人民共和国急性传染病管理条例》《中华人民共和国发明奖励条例》等行政法规。

8 月 12 日 《中日和平友好条约》在北京签订。

11 月 10 日—12 月 15 日 中央工作会议召开。会议讨论从 1979 年起把全党工作着重点转移到社会主义现代化建设上来等问题。12 月 13 日,邓小平发表《解放思想,实事求是,团结一致向前看》讲话,强调必须使民主制度化、法律化,使这种制度和法律不因领导人的改变而改变,不因领导人的看法和注意力的改变而改变;集中力量制定刑法、民法、诉讼法和其他各种必要的法律,例如工厂法、人民公社法、森林法、草原法、劳动法、外国人投资法等等,经过一定的民主程序讨论通过,并且加强检察机关和司法机关,做到有法可依,有法必依,执法必严,违法必究;国要有国法,党要有党规党法;没有党规党法,国法就很难保障。这篇讲话实际上成为随后召开的中共十一届三中全会的主题报告,是开辟新时期新道路的宣言书。

12 月 16 日 中美公布关于建立外交关系的联合公报,宣布自 1979 年 1 月 1 日起互相承认并建立外交关系。同日,美国宣布于 1979 年 1 月 1 日断绝同台湾当局的所谓“外交关系”。

12 月 16 日—27 日 第七次全国检察工作会议召开。这是检察机关重建后召开的第一次全国性会议。

改革开放和社会主义
现代化建设新时期

　　这一时期,我们党在团结带领人民解放思想、锐意进取,创造改革开放和社会主义现代化建设伟大成就的历史进程中,提出"有法可依、有法必依、执法必严、违法必究"的方针,强调"为了保障人民民主,必须加强社会主义法制,使民主制度化、法律化",明确依法治国是党领导人民治理国家的基本方略、依法执政是党治国理政的基本方式,把建设社会主义法治国家确定为社会主义现代化建设的重要目标,坚持党的领导、人民当家作主、依法治国有机统一,领导制定修改现行宪法以及刑法、刑事诉讼法、民法通则、民事诉讼法、行政诉讼法、国家机关组织法、三资企业法等一系列重要法律法规,逐步形成以宪法为核心的中国特色社会主义法律体系,有力保障和促进了改革开放和社会主义现代化建设。

1978 年（12 月）

12 月 18 日—22 日 中共十一届三中全会召开。全会批判了"两个凡是"的错误方针，充分肯定必须完整地、准确地掌握毛泽东思想的科学体系，高度评价关于实践是检验真理的唯一标准问题的讨论；果断地停止使用"以阶级斗争为纲"的口号，作出把党和国家工作中心转移到经济建设上来、实行改革开放的历史性决策；决定健全党的民主集中制，健全党规党法，严肃党纪；决定加强党的领导机构，成立中央纪律检查委员会，选举陈云为中央纪委第一书记。

全会强调，为了保障人民民主，必须加强社会主义法制，使民主制度化、法律化，使这种制度和法律具有稳定性、连续性和极大的权威，做到有法可依，有法必依，执法必严，违法必究。全会指出，从现在起，应当把立法工作摆到全国人民代表大会及其常务委员会的重要议程上来。检察机关和司法机关要保持应有的独立性；要忠实于法律和制度，忠实于人民利益，忠实于事实真相；要保证人民在自己的法律面前人人平等，不允许任何人有超于法律之上的特权。全会标志着中国共产党重新确立了马克思主义的思想路线、政治路线和组织路线，实现了新中国成立以来党的历史上具有深远意义的伟大转折，开启了改革开放和社会主义现代化的伟大征程。

12 月 29 日 中共中央批转中共最高人民法院党组《关于抓紧复查纠正冤、假、错案认真落实党的政策的请示报告》,提出要"真正做到全错全平,部分错部分平,不错不平,严明法纪,有错必纠"。1979 年 12 月 31 日,中共中央批转中共最高人民法院党组《关于善始善终地完成复查纠正冤假错案工作几个问题的请示报告》。

12 月 党的十一届三中全会召开后,从中央到地方,按照实事求是、有错必纠的原则,平反冤假错案的工作全面推开。到 1982 年年底,全国大规模的平反冤假错案工作基本结束。据不完全统计,全国共纠正了 300 多万名干部的冤假错案,为 47 万多名共产党员恢复党籍。

1979 年

1月1日　全国人大常委会发表《告台湾同胞书》,郑重宣示争取祖国和平统一的大政方针。

1月4日—22日　中央纪律检查委员会召开第一次全体会议。此后,全国地方各级纪律检查机构陆续恢复重建。

2月10日　国务院公布《水产资源繁殖保护条例》。1979年,国务院还公布、批准了《外国民用航空器飞行管理规则》《中华人民共和国标准化管理条例》《中华人民共和国自然科学奖励条例》等行政法规。

2月23日　五届全国人大常委会第六次会议原则通过《中华人民共和国森林法(试行)》,这是改革开放后我国制定的第一部法律。1984年9月20日,六届全国人大常委会第七次会议通过《中华人民共和国森林法》;该法先后于1998年、2009年、2019年修改。

会议还决定设立全国人大常委会法制委员会。1983年9月2日,六届全国人大常委会第二次会议决定将全国人大常委会法制委员会更名为全国人大常委会法制工作委员会。

2月　四川省重庆市中级人民法院设立全国第一个经济审判庭,率先开展经济审判试点工作。9月,最高人民法院设立经济审判庭。

3月30日 邓小平在党的理论工作务虚会上发表《坚持四项基本原则》讲话。强调，必须在思想政治上坚持社会主义道路，坚持无产阶级专政(后表述为人民民主专政)，坚持共产党的领导，坚持马列主义、毛泽东思想。这四项基本原则是实现四个现代化的根本前提。

6月25日 邓小平在出席五届全国人大二次会议党内负责人会议谈到民主与法制问题时强调，确实要搞法制，特别是高级干部要遵守法制。以后，党委领导的作用第一条就是应该保证法律生效、有效。没有立法以前，只能按政策办事；法立了以后，就要坚决按法律办事。国际上认为中国有个新的开端，不但指四个现代化，还有加强民主和法制。

6月26日 彭真在五届全国人大二次会议上作《关于七个法律草案的说明》。指出，在法律面前人人平等，是我们全体人民、全体共产党员和革命干部的口号，是反对任何人搞特权的思想武器。

7月1日 五届全国人大二次会议通过《关于修正〈中华人民共和国宪法〉若干规定的决议》，决定县和县以上的地方各级人大设立常委会作为本级人大的常设机关，对本级人大负责并报告工作；将县的人大代表的选举由间接选举改为直接选举。

会议还通过刑法、刑事诉讼法、全国人民代表大会和地方各级人民代表大会选举法、地方各级人民代表大会和地方各级人民政府组织法、人民法院组织法、人民检察院组织法、中外合资经营企业法7部重要法律。

7月15日 中共中央、国务院批转广东省委、福建省委关于对外经济活动实行特殊政策和灵活措施的两个报告,决定先在深圳、珠海试办出口特区。1980 年 5 月 16 日,中共中央、国务院批转《广东、福建两省会议纪要》,正式将出口特区改称为经济特区。8 月,五届全国人大常委会第十五次会议批准广东、福建两省在深圳、珠海、汕头、厦门设置经济特区,批准国务院提出的《广东省经济特区条例》。经济特区建设正式通过立法程序确定下来。

9 月 9 日 中共中央发布《关于坚决保证刑法、刑事诉讼法切实实施的指示》。指出,刑法、刑事诉讼法同全国人民每天的切身利害有密切关系,它们能否严格执行,是衡量我国是否实行社会主义法治的重要标志。

9 月 13 日 五届全国人大常委会第十一次会议原则通过《中华人民共和国环境保护法(试行)》,这是新中国第一部环境保护基本法。1989 年 12 月 26 日,七届全国人大常委会第十一次会议通过《中华人民共和国环境保护法》,以其为代表的环境法规体系初步建立,为开展环境治理奠定了法制基础。

9 月 29 日 叶剑英在庆祝中华人民共和国成立 30 周年大会上发表讲话,初步总结新中国成立 30 年来的经验教训,明确提出要从中国的实际出发,走出一条适合中国情况和特点的实现现代化的道路,要发展社会主义民主和法制,建设社会主义物质文明和精神文明。

11 月 29 日 新疆维吾尔自治区五届人大常委会第二次会议通过《关于加强集市贸易管理的布告》《关于加强边境管理区安全保卫工作的通告》等地方性法规。这是改革开放后全国范围内最先制定的地方性法规。

12 月 19 日 《有关律师工作的通知》印发。这是律师制度恢复重建的重要标志。

1980 年

1 月 7 日—25 日　中央纪律检查委员会第二次全体会议举行。会议建议将各省、市、自治区和以下各级党的纪律检查委员会的领导关系改为受同级党委和上级纪委双重领导,同级党委领导为主。建议随后获中共中央批准。

1 月 14 日　国务院批准成立中华人民共和国专利局。6 月 3 日,中国加入世界知识产权组织,正式成为该组织第 90 个成员国。

2 月 12 日　五届全国人大常委会第十三次会议通过《中华人民共和国学位条例》。该条例于 2004 年修改。

2 月 23 日—29 日　中共十一届五中全会召开。全会通过《关于党内政治生活的若干准则》。《准则》总结了历史上党内政治生活的经验教训,把党章的有关规定和民主集中制的原则具体化。

4 月 23 日　中央政治局通过《中共中央关于丧失工作能力的老同志不当十二大代表和中央委员会候选人的决定》。这是废除实际上存在的干部职务终身制和逐步更新领导班子的一个重要步骤。10 月 7 日,经五届全国人大常委会第十六次会议批准,国务院公布《关于老干部离职休养的暂行规定》,确立了我国特殊的离休制度。1982 年 2 月 20 日,中共中央作出《关于建立老干部退休制度的决定》;4月10日,国务院发布《关于老干部离职休养制度的几项规定》。

6月4日 国务院公布《革命烈士褒扬条例》。1980年,国务院还公布、批准了《婚姻登记办法》《人民警察使用武器和警械的规定》《兽药管理暂行条例》《中华人民共和国外汇管理暂行条例》等行政法规。

7月21日 国务院转发司法部《关于迅速建立省属市(地区)、县司法行政机构的请示报告》。此后,司法行政系统形成了中央、省、市、县四级体制。

8月1日 根据彭真提出的"政法战线要办一张报纸"的指示,《中国法制报》在北京创刊。1988年1月1日,更名为《法制日报》。2020年8月1日,更名为《法治日报》。

8月18日 邓小平在中央政治局扩大会议上发表《党和国家领导制度的改革》的讲话。指出,领导制度、组织制度问题更带有根本性、全局性、稳定性和长期性。这些方面的制度好可以使坏人无法任意横行,制度不好可以使好人无法充分做好事,甚至会走向反面。改革党和国家的领导制度,不是要削弱党的领导,涣散党的纪律,而正是为了坚持和加强党的领导,坚持和加强党的纪律。这个讲话,为党和国家领导制度的改革明确了基本的指导思想。

8月26日 五届全国人大常委会第十五次会议通过《中华人民共和国律师暂行条例》。这是新中国第一部关于律师制度的法律。

8月30日—9月10日 五届全国人大三次会议举行。会议通过关于修改宪法第四十五条的决议、关于修改宪法和成立宪法修改委员会的决议。

　　会议还通过《中华人民共和国中外合资经营企业所得税法》《中华人民共和国个人所得税法》。这是我国首次通过全国人民代表大会制定税收法律。《中外合资经营企业所得税法》于 1983 年修改。《个人所得税法》先后于 1993 年、1999年、2005 年、2007 年、2011 年、2018 年修改。

　　9 月 29 日　五届全国人大常委会第十六次会议作出决定,成立最高人民检察院特别检察厅和最高人民法院特别法庭,对林彪、江青反革命集团案主犯进行检察起诉和公开审判。11 月 20 日至翌年 1 月 25 日,最高人民法院特别法庭开庭公审林彪、江青反革命集团的 10 名主犯,分别判处江青、张春桥死刑,缓期 2 年执行,剥夺政治权利终身;判处王洪文无期徒刑,剥夺政治权利终身;判处其他 7 名罪犯 16 年至 20 年不等有期徒刑,剥夺政治权利 5 年。这次审判体现了人民意志,伸张了正义,彰显了社会主义法制的尊严。

　　10 月 10 日　中国政府正式加入保证民用航空安全的《关于制止非法劫持航空器的公约》(海牙公约)和《关于制止危害民用航空安全的非法行为的公约》(蒙特利尔公约)。

1981 年

5 月 30 日 国务院公布《行政区域边界争议处理办法》。1981 年,国务院还公布、批准了《进口影片管理办法》《中华人民共和国枪支管理办法》《关于加强医药管理的决定》等行政法规。

6 月 10 日 五届全国人大常委会第十九次会议通过《关于加强法律解释工作的决议》,重新确立法律解释制度。2004 年 2 月 17 日,十届全国人大常委会第十二次委员长会议通过《全国人大常委会法律解释工作程序》。

会议还通过《中华人民共和国惩治军人违反职责罪暂行条例》。这是改革开放之初由全国人大常委会颁布的第一部军事刑事法律。

6 月 27 日—29 日 中共十一届六中全会召开。全会通过《关于建国以来党的若干历史问题的决议》,对新中国成立 32 年来党的重大历史事件特别是"文化大革命"作出正确总结,实事求是地评价毛泽东的历史地位,科学论述毛泽东思想作为党的指导思想的伟大意义。《决议》的通过,标志着党在指导思想上拨乱反正任务的完成。全会选举胡耀邦为中央委员会主席,邓小平为中央军委主席。

7 月 7 日 国务院发布《关于城镇非农业个体经济若干

政策性规定》,指出个体经济是国营经济和集体经济的必要补充。

8月18日—26日 第一次全国人民调解工作会议召开。

9月30日 叶剑英向新华社记者发表谈话,进一步阐述关于台湾回归祖国、实现祖国和平统一的九条方针政策。

同日 我国签署《联合国国际货物销售合同公约》。1986年12月11日,我国向联合国交存核准书,成为该公约创始缔约国。该公约于1988年1月1日对我国生效。

11月26日 五届全国人大常委会第二十一次会议通过《关于授权广东省、福建省人大及其常委会制定所属经济特区的各项单行经济法规的决议》。

12月13日 五届全国人大四次会议通过《中华人民共和国经济合同法》。1985年3月21日,六届全国人大常委会第十次会议通过《中华人民共和国涉外经济合同法》。1987年6月23日,六届全国人大常委会第二十一次会议通过《中华人民共和国技术合同法》。

1982 年

1月1日 中共中央批转《全国农村工作会议纪要》,肯定包产到户等各种生产责任制都是社会主义集体经济的生产责任制。2002年8月29日,九届全国人大常委会第二十九次会议通过《中华人民共和国农村土地承包法》;该法先后于2009年、2018年修改。

1月2日 中共中央、国务院颁布《国营工厂厂长工作暂行条例》。规定,厂长对工厂生产经营活动行使统一指挥权;厂长要自觉接受和维护企业党委的领导,定期向党委报告工作,定期向职工代表大会报告工作。

1月11日 邓小平会见美国华人协会主席李耀滋,首次提出"一个国家,两种制度"概念。1983年6月26日,他会见美国新泽西州西东大学教授杨力宇,进一步阐述了有关大陆和台湾和平统一的六条方针。

1月13日 中共中央印发《关于加强政法工作的指示》,作出"扩大、充实、整顿和提高政法队伍"的决策部署,要求有计划地实现政法队伍革命化、年轻化、知识化、专业化。同时要求各级政法部门继续克服"左"的思想影响,防止右的偏差,根据新情况,改革不合理的体制、规章制度,探索新路子,解决新问题。

1 月 30 日　国务院公布《中华人民共和国对外合作开采海洋石油资源条例》。1982 年,国务院还公布、批准了《工商企业登记管理条例》《广告管理暂行条例》《关于外国人在我国旅行管理的规定》《中华人民共和国公证暂行条例》等行政法规。

3 月 8 日　五届全国人大常委会第二十二次会议通过《中华人民共和国民事诉讼法(试行)》。1991 年 4 月 9 日,七届全国人大四次会议通过《中华人民共和国民事诉讼法》;该法先后于 2007 年、2012 年、2017 年修改。

会议还通过《关于国务院机构改革问题的决议》。这是改革开放以来首次对国务院机构实行大范围裁减、合并。此后,国务院又先后集中进行了 7 次机构改革。

3 月 29 日　中国与瑞典在北京签署《中华人民共和国政府和瑞典王国政府关于相互保护投资的协定》。该协定是我国与其他国家签署的第一个双边保护投资的协定。

4 月 13 日　中共中央、国务院作出《关于打击经济领域中严重犯罪活动的决定》。此前,3 月 8 日,五届全国人大常委会第二十二次会议通过《关于严惩严重破坏经济的罪犯的决定》。

4 月 26 日　五届全国人大常委会第二十三次会议作出决议,同意宪法修改委员会的建议,公布宪法修改草案,交付全国各族人民讨论。全民讨论为期 4 个月,至 8 月 31 日结束。据统计,全国有 80%左右的成年公民参加了讨论,充分体现了中华人民共和国的一切权力属于人民。

5 月 15 日　中共中央发出《关于〈宪法修改草案〉中规定

设立中央军事委员会问题的通知》。指出,设立国家的中央军事委员会,决不是取消或削弱党对军队的领导,党的中央军委和国家的中央军委实际上是一个机构,组成人员和对军队的领导职能完全一致。

6月 中国人民武装警察部队重新组建。1983年4月5日,中国人民武装警察部队总部成立。

7月10日—24日 中共中央召开全国政法工作会议。会议强调,新时期政法工作的主要任务是健全社会主义民主和法制,加强人民民主专政,保卫和促进以经济建设为中心的社会主义现代化建设。

7月22日—27日 中国法学会召开恢复后的第一次会员代表大会。大会通过了《中国法学会章程》,并按照章程规定的程序,选举产生了中国法学会第一届领导机构。

8月17日 中美两国政府就解决美国向台湾出售武器问题发表《中华人民共和国和美利坚合众国联合公报》(八一七公报)。这是中美两国政府继1972年上海公报和1978年建交公报之后发表的第三个关于中美关系的重要公报。

8月23日 五届全国人大常委会第二十四次会议通过《中华人民共和国海洋环境保护法》《中华人民共和国商标法》。《海洋环境保护法》先后于1999年、2013年、2016年、2017年修改。《商标法》先后于1993年、2001年、2013年、2019年修改。

9月1日—11日 中国共产党第十二次全国代表大会举行。邓小平在致开幕词时提出,把马克思主义的普遍真理同我国的具体实际结合起来,走自己的道路,建设有中国特色的社会主义。大会通过的报告《全面开创社会主义现代化建设的新局面》，提出分两步走，在 20 世纪末实现工农业年总产值翻两番的目标；明确提出要努力建设高度的社会主义精神文明和高度的社会主义民主的战略方针，社会主义民主的建设必须同社会主义法制的建设紧密结合起来。大会决定设立中央顾问委员会。

大会通过新的《中国共产党章程》，进一步总结党的建设的历史经验教训，作出了一系列新规定，反映了党的现实生活的新要求。新的党章规定，入党要在党旗面前宣誓，并第一次将入党誓词载入党章；规定党中央不设主席只设总书记，由总书记负责召集中央政治局会议、中央政治局常务委员会会议和主持中央书记处的工作；强调党要保持思想上政治上的高度一致，党的各级委员会实行集体领导和个人分工负责相结合的制度；规定在党的纪律面前人人平等，党员除了遵守党纪外，还必须严格遵守国法政纪。自党的十二大起，按照党章规定，党的全国代表大会每五年召开一次，实现了制度化。

随后于 9 月 12 日召开的中共十二届一中全会选举胡耀邦为中央委员会总书记，决定邓小平为中央军委主席，批准邓小平为中央顾问委员会主任，批准陈云为中央纪委第一书记。

9 月 6 日　彭真在全国经济法制工作经验交流会上讲话指出，法是在矛盾的焦点上划杠杠，什么许做，什么不许做，令行禁止，要很明确。健全社会主义法制，不仅要抓立法，还要抓执法，这是人心所向，大势所趋，势在必行。

9 月 24 日　邓小平会见英国首相撒切尔夫人，阐述中国政府对香港问题的基本立场。指出，主权问题不是一个可以讨论的问题;1997年中国将收回香港,不仅是新界,而且包括香港岛、九龙。

11月19日 五届全国人大常委会第二十五次会议通过《中华人民共和国文物保护法》。该法先后于1991年、2002年、2007年、2013年、2015年、2017年修改。

会议还通过《中华人民共和国食品卫生法(试行)》。1995年10月30日,八届全国人大常委会第十六次会议通过《中华人民共和国食品卫生法》。

12月4日 五届全国人大五次会议通过并公布施行经全面修改后的《中华人民共和国宪法》(现行宪法)。设专章规定"公民的基本权利和义务",并置于"国家机构"之前。同时规定,加强人民代表大会制度,扩大全国人大常委会的职权;恢复设立国家主席;国家设立中央军事委员会,中央军事委员会实行主席负责制;国务院实行总理负责制;国家在必要时得设立特别行政区;改变农村人民公社"政社合一"的体制,设立乡政权等。此后,为适应改革开放和社会主义现代化建设的需要,我国先后于1988年、1993年、1999年、2004年、2018年5次对宪法的个别条款和部分内容作出修正,共通过52条宪法修正案。

现行宪法深刻总结了我国社会主义建设正反两方面经验,在继承1949年《中国人民政治协商会议共同纲领》和"五四宪法"基本精神和主要内容的基础上,适应我国改革开放和社会主义现代化建设、加强社会主义民主法制建设的新要求,确立了党的十一届三中全会之后的路线方针政策,把集中力量进行社会主义现代化建设规定为国家的根本任务,就社会主义民主法制建设作出一系列规定,为改革开放和社会主义现代化建设提供了有力法制保障。

12 月 10 日　五届全国人大五次会议通过《中华人民共和国国务院组织法》《中华人民共和国全国人民代表大会组织法》。《全国人民代表大会组织法》于 2021 年修改。

1983 年

2 月 2 日　外交部部长吴学谦就美国地方法院对控告中国的所谓湖广铁路债券案作出"缺席判决"一事,向正在访问中国的美国国务卿舒尔茨递交了中国外交部的备忘录。备忘录申述了中国政府对这一问题的一贯立场。1986 年 7 月 25日,美国联邦上诉法院裁决,美国债券持有人无权迫使中国政府偿还 1911 年由清政府发行的湖广铁路债券。

4 月 1 日　国务院公布《国营工业企业暂行条例》。规定,国营工业企业是社会主义全民所有制的经济组织,实行党委领导下的厂长(经理)负责制和党委领导下的职工代表大会制。

4 月 13 日　国务院公布《关于城镇劳动者合作经营的若干规定》和《〈关于城镇非农业个体经济若干政策性规定〉的补充规定》。次日,国务院又公布《关于城镇集体所有制经济若干政策问题的暂行规定》。上述规定指出,城镇个体经济是公有制经济的必要的、有益的补充;城镇集体所有制经济是社会主义公有制经济的一个重要组成部分,是我国基本的经济形式之一。

6 月 6 日—21 日　六届全国人大一次会议举行。会议选举李先念为国家主席,彭真为全国人大常委会委员长,邓小平为国家中央军委主席,决定赵紫阳为国务院总理;选举郑天翔为最高人民法院院长,杨易辰为最高人民检察院检察长。

会议还决定设立全国人大法律委员会。2018年3月,根据十三届全国人大一次会议通过的宪法修正案,更名为全国人大宪法和法律委员会,在继续承担统一审议法律草案工作的基础上,增加推动宪法实施、开展宪法解释、推进合宪性审查、加强宪法监督、配合宪法宣传等职责。

7月1日 国家安全部召开成立大会。此前,六届全国人大一次会议决定国务院设立国家安全部。

7月15日 深圳市蛇口律师事务所正式挂牌成立,这是新中国第一家律师事务所。此前,全国的律师工作机构一般称为法律顾问处。到2020年年底,全国共有律师事务所3.4万多家,执业律师52.2万多人。

8月22日 国务院公布《中华人民共和国经济合同仲裁条例》。1983年,国务院还公布了《城市私有房屋管理条例》《烟草专卖条例》《植物检疫条例》《中华人民共和国财产保险合同条例》等行政法规。

8月25日 为迅速扭转社会治安的不正常状况,中共中央发出《关于严厉打击刑事犯罪活动的决定》,开展为期3年的严打活动。1996年、2001年又先后两次开展全国范围内的严打。

9月2日 六届全国人大常委会第二次会议通过《中华人民共和国海上交通安全法》和《关于国家安全机关行使公安机关的侦查、拘留、预审和执行逮捕的职权的决定》。《海上交通安全法》先后于2016年、2021年修改。

9 月 6 日 《中华人民共和国政府和日本国政府关于对所得避免双重征税和防止偷漏税的协定》及议定书在北京正式签署。该协定于 1984 年 6 月 26 日生效,是我国对外签署的第一个税收协定。到 2021 年 6 月底,我国税收协定网络已覆盖 111 个国家和地区,为消除双重征税和防止逃避税奠定了法律基础。

9 月 7 日 最高人民法院发出《关于授权高级人民法院核准部分死刑案件的通知》。规定,对杀人、强奸、抢劫、爆炸以及其他严重危害公共安全和社会治安判处死刑的案件的核准权,最高人民法院依法授权由各省(自治区、直辖市)高级人民法院和解放军军事法院行使。

10 月 12 日 中共中央、国务院发出《关于实行政社分开建立乡政府的通知》。到 1984 年年底,全国基本完成了政社分设。

1984 年

1月5日　国务院公布《城市规划条例》。1984年,国务院还公布了《关于进一步扩大国营工业企业自主权的暂行规定》《中华人民共和国民用爆炸物品管理条例》《中华人民共和国科学技术进步奖励条例》《国营企业成本管理条例》等行政法规。

3月12日　六届全国人大常委会第四次会议通过《中华人民共和国专利法》。该法先后于1992年、2000年、2008年、2020年修改。

4月26日　中共中央发出《关于任免国家机关领导人员必须严格依照法律程序办理的通知》。指出,任免国家机关领导人员必须严格按照宪法和法律规定的程序办理。所有宣传单位,对国家机关领导人员的任免,都要在组织手续、法律程序完备后,才能公布。

5月25日　邓小平在会见出席六届全国人大二次会议和全国政协六届二次会议的港澳地区人大代表和政协委员时强调,中国政府在恢复对香港行使主权之后,有权在香港驻军,这是维护中华人民共和国领土的象征,是国家主权的象征,也是香港稳定和繁荣的保证。

5月31日　六届全国人大二次会议通过《中华人民共和

国民族区域自治法》。2001年2月28日,九届全国人大常委会第二十次会议通过《关于修改〈中华人民共和国民族区域自治法〉的决定》,明确规定民族区域自治是国家的一项基本政治制度。

9月5日 我国恢复在国际刑警组织的合法席位。

9月20日 六届全国人大常委会第七次会议通过《中华人民共和国药品管理法》。该法先后于2001年、2013年、2015年、2019年修改。

10月20日 中共十二届三中全会召开。全会通过《关于经济体制改革的决定》,规定以城市为重点的经济体制改革的任务、性质和各项方针政策;突破了把全民所有同国家机构直接经营企业混为一谈的传统观念,提出"所有权同经营权是可以适当分开的"。

10月 上海市长宁区人民法院设立我国第一个少年法庭——少年犯合议庭,后更名为审理未成年人刑事案件合议庭。

11月7日 经联合国大会和安理会共同选举,倪征燠当选为国际法院法官(任期为1985年至1994年),成为新中国第一位国际法院法官。

11月14日 六届全国人大常委会第八次会议通过《关于在沿海港口城市设立海事法院的决定》。28日,最高人民法院根据该决定作出《关于设立海事法院几个问题的决定》,在广州、上海、青岛、天津、大连设立海事法院,管辖第一审海事案件和海商案件。

12月15日 国务院批准13个设区的市享有地方立法

权。此后,国务院又先后于 1988 年、1992 年、1993 年批准 6 个设区的市享有地方立法权。到 2015 年 3 月,共有 49 个设区的市享有地方立法权。这些设区的市制定了大量的地方性法规、地方政府规章,为依法推动当地经济社会发展和民主法治建设发挥了重要作用。

12 月 15 日—24 日 全国公安基层基础工作会议召开,首次提出把基层的大部分警力摆到街面上,探索建立社会治安动态管控机制。

12 月 19 日 中英两国政府在北京正式签署《中华人民共和国政府和大不列颠及北爱尔兰联合王国政府关于香港问题的联合声明》,中国政府声明决定于 1997 年 7 月 1 日对香港恢复行使主权。

1985 年

1 月 1 日　中共中央、国务院印发《关于进一步活跃农村经济的十项政策》,决定从 1985 年起实行合同定购和市场收购。这就基本上改变了实行 30 多年的统购派购制度,把农村经济纳入有计划的商品经济的轨道。

1 月 15 日　国务院公布《关于行政区划管理的规定》。1985 年,国务院还公布、批准了《风景名胜区管理暂行条例》《公司登记管理暂行规定》《关于审计工作的暂行规定》等行政法规。

3 月 19 日　我国正式加入《保护工业产权巴黎公约》。

4 月 10 日　六届全国人大三次会议批准中英两国政府关于香港问题的联合声明,决定成立香港特别行政区基本法起草委员会。会议还通过《关于授权国务院在经济体制改革和对外开放方面可以制定暂行的规定或者条例的决定》《中华人民共和国继承法》。

5 月 25 日　《最高人民法院公报》正式创刊。1989 年 5 月 27 日,《最高人民检察院公报》正式创刊。这两个公报的创刊发行,实现了司法信息发布的规范化、常态化。

9 月 6 日　六届全国人大常委会第十二次会议通过《中华人民共和国居民身份证条例》,标志着居民身份证制度的正式确立。1989 年 9 月 15 日,居民身份证的使用和查验制度在全国范围内实行。2003 年 6 月 28 日,十届全国人大常委会第三次会议通过《中华人民共和国居民身份证法》;该法于 2011 年修改。

9 月 16 日　全国法院干部业余法律大学正式授课,标志着新时期人民法院大规模干部培训工作的开始。1988 年 2 月 13 日,中国高级法官培训中心正式成立。在此基础上,1997 年 11 月 10 日,国家法官学院成立。这是我国第一所培训高级法官的高等学府。

11 月 5 日　中共中央、国务院转发《中共中央宣传部、司法部关于向全体公民基本普及法律常识的五年规划》,决定在全体公民中开展普及法律常识宣传教育。22 日,六届全国人大常委会第十三次会议通过《关于在公民中基本普及法律常识的决议》。此后,每五年制定一个普法规划,全国人大常委会作出一个普法决议。到 2021 年,共制定实施 8 个五年普法规划,全国人大常委会作出 8 个普法决议。通过开展普法活动,法治宣传教育不断加强和深入,把法律交给亿万人民群众,使广大人民知法、守法,学会运用法律武器,是中国法治建设史上的一大创举。

11 月 22 日　六届全国人大常委会第十三次会议通过《关于批准〈保护世界文化和自然遗产公约〉的决定》。

1986 年

1 月 17 日 邓小平在中央政治局常委会会议上讲话指出,搞四个现代化一定要有两手,只有一手是不行的。要一手抓建设,一手抓法制。

3 月 21 日 中共中央、国务院发出《关于加强土地管理、制止乱占耕地的通知》。6 月 25 日,六届全国人大常委会第十六次会议通过《中华人民共和国土地管理法》;该法先后于 1988 年、1998 年、2004 年、2019 年修改。

4 月 12 日 六届全国人大四次会议通过《中华人民共和国民法通则》《中华人民共和国义务教育法》。《民法通则》是新中国第一部调整民事关系的基本法律,后于 2009 年修改。《义务教育法》先后于 2006 年、2015 年、2018 年修改。

会议还通过《中华人民共和国外资企业法》。1988 年 4 月 13 日,七届全国人大一次会议通过《中华人民共和国中外合作经营企业法》。这两部法律与此前通过的《中华人民共和国中外合资经营企业法》一般称为"外资三法"。

同日 司法部发出《关于全国律师资格统一考试的通知》。9 月 27 日至 28 日,首次全国律师资格统一考试举行。

5 月 8 日 国务院办公厅转发国务院法制局汇集、编制的《一九八六年立法计划》,第一次发布年度立法计划;此后,国务院每年都编制印发年度立法工作计划。从七届全国人大常委会开始,每届全国人大常委会都编制发布立法规划;从九届全国人大常委会开始,每年都编制印发年度立法工作计划。

7月3日 中共中央书记处在中南海怀仁堂为中央领导同志举办首次法律知识讲座。这是中央领导同志带头学习法律知识、加强法制建设的一项重要举措。

7月5日—7日 第一次全国律师代表大会召开。大会通过《中华全国律师协会章程》,并正式成立中华全国律师协会。这是新中国第一个全国性的律师社会团体。

7月10日 中共中央发出《关于全党必须坚决维护社会主义法制的通知》。指出,建设具有中国特色的社会主义法制,是我党的一项伟大历史任务。全党同志特别是党政军领导机关和领导干部一定要充分认识到加强法制的极端重要性,把法制建设视为己任,时时处处自觉地维护法制。凡是有利于健全、完善社会主义法制的事,就积极去做;凡是不利于健全、完善社会主义法制的事,就坚决不做。

同日 中国正式提出恢复在关贸总协定缔约国地位的申请。自此,我国开始了长达15年的谈判历程。

9月5日 六届全国人大常委会第十七次会议通过《中华人民共和国外交特权与豁免条例》。

10月11日 湖南省汨罗县编制委员会批复同意县人民法院建立行政审判庭,这是全国第一个行政审判庭。1988年9月5日,最高人民法院行政审判庭正式建立。1990年9月13日至18日,最高人民法院召开第一次全国法院行政审判工作会议,部署全面开展行政审判工作。

同日 国务院公布《关于鼓励外商投资的规定》,鼓励外国投资者在中国境内举办中外合资经营企业、中外合作经营企业和外资企业。1988 年 5 月 4 日,国务院公布《关于鼓励投资开发海南岛的规定》;7 月 3 日,国务院公布《关于鼓励台湾同胞投资的规定》。1990 年 8 月 19 日,国务院公布《关于鼓励华侨和香港澳门同胞投资的规定》。

10 月 29 日 国务院公布《中华人民共和国民用核设施安全监督管理条例》。1986 年,国务院还公布了《地名管理条例》《中华人民共和国车船使用税暂行条例》《中华人民共和国银行管理暂行条例》等行政法规。

12 月 2 日 六届全国人大常委会第十八次会议通过《中华人民共和国企业破产法(试行)》。2006 年 8 月 27 日,十届全国人大常委会第二十三次会议通过《中华人民共和国企业破产法》。

会议还通过《关于我国加入〈承认及执行外国仲裁裁决公约〉的决定》和《中华人民共和国国境卫生检疫法》。《国境卫生检疫法》先后于 2007 年、2009 年、2018 年修改。

1987 年

1 月 22 日 六届全国人大常委会第十九次会议通过《中华人民共和国海关法》。该法先后于 2000 年、2013 年、2016 年、2017 年、2021 年修改。

3 月 7 日 国务院办公厅发出《关于地方政府和国务院各部门规章备案工作的通知》；5 月 25 日，全国人大常委会办公厅、国务院办公厅发出《关于地方性法规备案工作的通知》。这两个文件的实施，标志着我国法规规章备案制度正式建立。1990 年 2 月 18 日，国务院公布《法规、规章备案规定》。

3 月 21 日 南昌市中级人民法院对江西省原省长倪献策徇私舞弊案进行一审宣判，判处有期徒刑 2 年。二审维持原判。倪献策是新中国第一个被判刑的省长，也是改革开放后第一个被判刑的省部级干部。

4 月 1 日 国务院公布《公共场所卫生管理条例》。1987年，国务院还公布了《广告管理条例》《中华人民共和国价格管理条例》《中华人民共和国公路管理条例》等行政法规。

4 月 13 日 中葡两国政府在北京正式签署《中华人民共和国政府和葡萄牙共和国政府关于澳门问题的联合声明》，确认中国政府于 1999 年 12 月 20 日对澳门恢复行使主权。

4月21日 国务院批准《行政法规制定程序暂行条例》。

4月26日 第一次全国政府法制工作会议召开。

8月17日—19日 "中美贸易、投资法律讨论会"在北京举行。来自美国的1000余位律师、法学教授、企业家及政府官员和700多位中国的律师、专家学者及金融、海关、司法界代表参加了会议,交流探讨贸易、投资法律问题。

9月5日 六届全国人大常委会第二十二次会议通过《中华人民共和国大气污染防治法》。该法先后于1995年、2000年、2015年、2018年修改。

会议还批准通过《中华人民共和国与波兰人民共和国关于民事和刑事司法协助的协定》。到2021年6月底,我国已与81个国家缔结引渡、司法协助、资产返还、打击"三股势力"及移管被判刑人条约共169项,其中138项已生效。

10月25日—11月1日 中国共产党第十三次全国代表大会举行。大会通过的报告《沿着有中国特色的社会主义道路前进》,阐述社会主义初级阶段理论,提出党在社会主义初级阶段的基本路线,制定到21世纪中叶分三步走、实现现代化的发展战略。大会强调,我们必须一手抓建设和改革,一手抓法制。法制建设必须贯穿于改革的全过程。一方面,应当加强立法工作,改善执法活动,保障司法机关依法独立行使职权,提高公民的法律意识;另一方面,法制建设又必须保障建设和改革的秩序,使改革的成果得以巩固。应兴应革的事情,要尽可能用法律或制度的形式加以明确。总之,应当通过改革,使我国社会主义民主政治一步一步走向制度化、法律化。这是防止"文化大革命"重演、实现国家长治久安的根本保证。

大会还通过《中国共产党章程部分条文修正案》,进一步改革和完善党内选举办法,实行差额选举;完善党内讨论和决定重要问题的办法和程序;增加党的全国代表会议的职权;调整党组设置的规定,并对中央领导机构的设置或组成人员的产生办法等进行了完善。

随后于11月2日召开的中共十三届一中全会选举赵紫阳为中央委员会总书记,决定邓小平为中央军委主任,批准陈云为中央顾问委员会主任,批准乔石为中央纪委书记。

11月24日 六届全国人大常委会第二十三次会议通过《中华人民共和国村民委员会组织法(试行)》。1998年11月4日,九届全国人大常委会第五次会议通过《中华人民共和国村民委员会组织法》;该法先后于2010年、2018年修改。

会议还通过《中华人民共和国全国人民代表大会常务委员会议事规则》;该规则于2009年修改。1989年4月4日,七届全国人大二次会议通过《中华人民共和国全国人民代表大会议事规则》;该规则于2021年修改。

同日 六届全国人大常委会第二十三次会议批准《全国人大常委会法制工作委员会关于对1978年底以前颁布的法律进行清理的情况和意见的报告》,宣布134件法律(包括有关法律问题的决定)中,因已由新法规定废止、已有新法代替等失效的111件,继续有效或者继续有效正在研究修改的23件。

12月1日 深圳市政府首次将国有土地的使用权进行

公开拍卖,敲下新中国土地拍卖第一槌。这是我国城市土地使用制度的一次重要改革实践。此前,1987 年 11 月,国务院批准在深圳、上海等地进行土地改革试点。

1988 年

1月21日 六届全国人大常委会第二十四次会议通过《关于惩治走私罪的补充规定》《关于惩治贪污罪贿赂罪的补充规定》。

2月27日 国务院公布《全民所有制工业企业承包经营责任制暂行条例》。4月13日,七届全国人大一次会议通过《中华人民共和国全民所有制工业企业法》,对企业所有权和经营权"两权分离"的改革原则作了更为明确的规定。

3月8日 深圳市人民检察院经济罪案举报中心揭牌,创建全国检察机关第一个举报中心。5月,最高人民检察院推广了深圳市人民检察院建立举报中心的经验。6月1日,中共中央发出《关于党和国家机关必须保持廉洁的通知》,明确要求在各级监察机关和检察机关设立举报中心。7月以后,全国各级检察机关相继建立举报机构。

3月14日 最高人民法院、最高人民检察院发布《关于不再追诉去台人员在中华人民共和国成立前的犯罪行为公告》,指出来祖国大陆的台湾同胞应遵守国家的法律,其探亲、旅游、贸易、投资等正当活动,均受法律保护。

3月25日—4月13日 七届全国人大一次会议举行。会议决定设立海南省、建立海南经济特区;通过成立澳门特别行政区基本法起草委员会的决定;批准国务院机构改革方案,此后第一次对各部门进行"定职能、定机构、定编制"的"三定"工作。会议选举杨尚昆为国家主席,万里为全国人大常委会委员长,邓小平为国家中央军委主席,决定李鹏为国务院总理;选举任建新为最高人民法院院长,刘复之为最高人民检察院检察长。

会议通过《中华人民共和国宪法修正案》,将"国家允许私营经济在法律规定的范围内存在和发展。私营经济是社会主义公有制经济的补充。国家保护私营经济的合法的权利和利益,对私营经济实行引导、监督和管理"以及"土地的使用权可以依照法律的规定转让"等内容载入宪法。这是新中国第一次以宪法修正案的形式对宪法作修改,也为后来宪法修改创立先例,保证了宪法的稳定性和连续性。

3月31日 七届全国人大一次会议宣布,以宪法为基础的社会主义法律体系已经初步形成。此后,1998年3月,九届全国人大一次会议宣布,社会主义市场经济法律体系框架初步构成;2003年3月,十届全国人大一次会议宣布,以宪法为核心的中国特色社会主义法律体系已经初步形成;2008年3月,十一届全国人大一次会议宣布,中国特色社会主义法律体系已经基本形成,国家经济、政治、文化、社会生活的各个方面基本做到有法可依。

5月11日—16日 全国公证工作会议召开。这是1979年公证制度恢复后的第一次全国性公证工作会议。

6月8日 中央军委作出决定,成立中华人民共和国中央军事委员会法制局,同时在各总部、军兵种配备法制秘书,负责本系统法制工作。这是我军历史上第一次在中央军委、各总部、军兵种设立专门负责军事法制工作的职能部门或专职法制秘书。

6月25日 国务院公布《中华人民共和国私营企业暂行条例》。1988年,国务院还公布了《扫除文盲工作条例》《军人抚恤优待条例》《森林防火条例》《女职工劳动保护规定》《城市节约用水管理规定》《中华人民共和国企业法人登记管理条例》等行政法规。

7月1日 七届全国人大常委会第二次会议通过《中国人民解放军军官军衔条例》,人民解放军实行新的军衔制。12月17日,《中国人民武装警察部队实行警官警衔制度的具体办法》发布,武警部队实行警官警衔制度。

9月5日 七届全国人大常委会第三次会议通过《中国人民解放军现役军官服役条例》。2000年12月28日,九届全国人大常委会第十九次会议通过《中华人民共和国现役军官法》。

9月23日 国务院、中央军委公布《中国人民解放军现役士兵服役条例》,确定实行新的士兵军衔制度。该条例先后于1993年、1999年、2010年修改。

11月8日 七届全国人大常委会第四次会议通过《中华人民共和国野生动物保护法》。该法先后于2004年、2009年、2016年、2018年修改。

12月27日 中央军委发出《关于一九八九年全军工作指示》。这是第一次把依法治军方针写进中央军委文件。

12月29日 七届全国人大常委会第五次会议通过《中

华人民共和国标准化法》。该法于 2017 年修改。

12 月 31 日　邓小平签署命令,发布《关于批捕、起诉和审判权限的规定》《关于剥夺犯罪军人军衔的暂行规定》。这是首次经中央军委法制局审查并由中央军委主席签署发布军事法规。

1989 年

春夏之交 由于国际上反共反社会主义的敌对势力的支持和煽动,国际大气候和国内小气候导致我国发生严重政治风波。党和政府依靠人民,旗帜鲜明反对动乱,捍卫了社会主义国家政权,维护了人民根本利益。6月9日,邓小平在接见首都戒严部队军以上干部时强调,党的十一届三中全会以来制定的基本路线、方针、政策和发展战略是正确的,要坚定不移地干下去。

2月21日 七届全国人大常委会第六次会议通过《中华人民共和国传染病防治法》。该法先后于2004年、2013年修改。

3月5日 少数分裂主义分子在拉萨制造了严重骚乱事件,进行打、砸、抢、烧的破坏活动,严重危害了社会安定。7日,国务院发布命令,决定自8日零时起,在拉萨市实行戒严,由西藏自治区人民政府组织实施,并根据实际需要采取具体戒严措施。1990年5月1日,国务院解除在西藏自治区拉萨市的戒严。

4月4日 七届全国人大二次会议通过《中华人民共和国行政诉讼法》,标志着行政诉讼制度的正式确立,依法行政开始进入重视保护公民权利和监督行政权力的新阶段。我国的刑事、民事、行政审判三大诉讼制度也由此正式形成。该法先后于2014年、2017年修改。

6月16日 邓小平在同几位中央负责同志谈话时指出,任何一个领导集体都要有一个核心,没有核心的领导是靠不住的。并指出,我们要一手抓改革开放,一手抓惩治腐败,把这两件事结合起来。

6月17日 国务院公布《人民调解委员会组织条例》。1989年,国务院还公布、批准了《幼儿园管理条例》《铁路运输安全保护条例》《中华人民共和国水下文物保护管理条例》等行政法规。

6月23日—24日 中共十三届四中全会召开。全会通过《关于赵紫阳同志在反党反社会主义的动乱中所犯错误的报告》,选举江泽民为中央委员会总书记。24日,江泽民在全会上讲话指出,在对待党的十一届三中全会以来的路线和基本政策这个最基本的问题上,要明确两句话:一句是坚定不移,毫不动摇;一句是全面执行,一以贯之。

8月15日 最高人民法院、最高人民检察院联合发布《关于贪污、受贿、投机倒把等犯罪分子必须在限期内自首坦白的通告》。

8月18日 全国检察机关第一个反贪污受贿工作局在广东省人民检察院成立。8月,最高人民检察院将经济检察厅更名为贪污贿赂检察厅。1995年11月10日,最高人民检察院反贪污贿赂总局正式成立。

10月31日 七届全国人大常委会第十次会议通过《中华人民共和国集会游行示威法》。该法于2009年修改。

11 月 6 日—9 日　中共十三届五中全会召开。全会通过《关于进一步治理整顿和深化改革的决定》。同意邓小平辞去中央军委主席职务,决定江泽民为中央军委主席。

12 月 26 日　七届全国人大常委会第十一次会议通过《中华人民共和国城市居民委员会组织法》和《中华人民共和国城市规划法》。《城市居民委员会组织法》于 2018 年修改。

1990 年

3 月 20 日—4 月 4 日 七届全国人大三次会议举行。会议通过《中华人民共和国香港特别行政区基本法》及其三个附件和区旗、区徽图案,通过《关于设立香港特别行政区的决定》《关于〈中华人民共和国香港特别行政区基本法〉的决定》《关于香港特别行政区第一届政府和立法会产生办法的决定》《关于批准香港特别行政区基本法起草委员会关于设立全国人大常务委员会香港特别行政区基本法委员会的建议的决定》。

会议决定接受邓小平辞去国家中央军委主席职务的请求,选举江泽民为国家中央军委主席。

4 月 15 日 中央军委发布《中国人民解放军立法程序暂行条例》。这是我军第一部关于立法程序的军事法规。

4 月 22 日—27 日 第十四届世界法律大会在北京举行,主题是"法律为世界和平与发展服务",这是我国第一次承办世界法律大会。2005 年 9 月 4 日至 10 日,第二十二届世界法律大会在北京和上海举行,主题是"法治与国际和谐社会"。

6 月 3 日 国务院公布《中华人民共和国乡村集体所有制企业条例》。1990 年,国务院还公布了《外国记者和外国常驻新闻机构管理条例》《中华人民共和国行政监察条例》《中华人民共和国看守所条例》等行政法规。

6月28日 七届全国人大常委会第十四次会议通过《中华人民共和国国旗法》。该法先后于2009年、2020年修改。

7月31日 中共中央印发《中国共产党党内法规制定程序暂行条例》。2012年5月26日,中共中央印发《中国共产党党内法规制定条例》;该条例于2019年修订。

9月7日 七届全国人大常委会第十五次会议通过《中华人民共和国著作权法》。该法先后于2001年、2010年、2020年修改。

9月12日 中国红十字总会与中国台湾地区红十字组织在金门举行商谈,解决违反有关规定进入对方地区居民和刑事嫌疑犯的遣返问题,并签订了协议书(金门协议)。这是1949年以来两岸分别授权的民间团体签订的第一个书面协议。

10月30日 七届全国人大常委会第十六次会议通过《中华人民共和国领事特权与豁免条例》。

12月24日 国务院公布《行政复议条例》,对行政复议制度作了系统规定,标志着新中国行政复议制度正式建立。

12月28日 七届全国人大常委会第十七次会议通过《中华人民共和国残疾人保障法》《中华人民共和国缔结条约程序法》。《残疾人保障法》先后于2008年、2018年修改。

12月 福建省漳州市公安局巡特警支队直属大队在全国首创"110"报警服务台和快速反应机制。此后,这一机制和做法在全国公安机关中普遍建立推行起来。

1991 年

1月4日 国务院公布《中华人民共和国土地管理法实施条例》。1991 年,国务院还公布、批准了《禁止使用童工规定》《企业名称登记管理规定》《专利代理条例》《国家预算管理条例》《城市房屋拆迁管理条例》等行政法规。

2月19日 中共中央、国务院作出《关于加强社会治安综合治理的决定》,决定设立中央社会治安综合治理委员会,作为领导全国社会治安综合治理工作的常设机构。2018 年 3 月起,不再设立中央社会治安综合治理委员会及其办公室。

2月26日 中央检察官管理学院正式成立。这是我国第一所培训高级检察官的高级学府。1998 年 11 月 13 日,更名为国家检察官学院。

2月 中共中央印发《关于加强对国家立法工作领导的若干意见》。11 月,《全国人大常委会立法规划(1991 年 10 月—1993 年 3 月)》出台,这是报经党中央同意的第一部立法规划。

3月2日 七届全国人大常委会第十八次会议通过《中华人民共和国国徽法》。该法先后于 2009 年、2020 年修改。

会议还通过《关于批准加入〈关于向国外送达民事或商事司法文书和司法外文书公约〉的决定》。

4 月 9 日 七届全国人大四次会议通过《中华人民共和国外商投资企业和外国企业所得税法》,实现了涉外企业所得税的统一。

9 月 4 日 七届全国人大常委会第二十一次会议通过《中华人民共和国未成年人保护法》。该法先后于 2006 年、2012 年、2020 年修改。

11 月 1 日 国务院新闻办公室发表《中国的人权状况》白皮书。这是新中国成立以来中国政府发表的第一份白皮书,也是中国政府向世界公布的第一份以人权为主题的官方文件,向国际社会全面系统地介绍了中国关于人权问题的基本立场、观点以及中国人民享有人权的事实。

12 月 17 日 国务院公布《中国公民往来台湾地区管理办法》。2015 年 6 月 14 日,国务院修改该办法,取消台湾同胞来大陆签注,并实行卡式台胞证。

12 月 29 日 七届全国人大常委会第二十三次会议通过《中华人民共和国收养法》。该法于 1998 年修改。

1992 年

1 月 18 日—2 月 21 日　邓小平视察武昌、深圳、珠海、上海等地并发表谈话,明确回答长期困扰和束缚人们思想的许多重大认识问题。强调,恐怕再有 30 年的时间,我们才会在各方面形成一整套更加成熟、更加定型的制度。在这个制度下的方针、政策,也将更加定型化。要坚持两手抓,一手抓改革开放,一手抓打击各种犯罪活动。在整个改革开放过程中都要反对腐败。还是要靠法制,搞法制靠得住些。这次谈话是把改革开放和现代化建设推进到新阶段的又一个解放思想、实事求是的宣言书。

2 月 25 日　七届全国人大常委会第二十四次会议通过《中华人民共和国领海及毗连区法》。

4 月 3 日　七届全国人大五次会议通过《中华人民共和国全国人民代表大会和地方各级人民代表大会代表法》和《中华人民共和国妇女权益保障法》。《全国人民代表大会和地方各级人民代表大会代表法》先后于 2009 年、2010 年、2015 年修改。《妇女权益保障法》先后于 2005 年、2018 年修改。

4 月　中央军委正式颁布"八五"期间立法规划,以进一步加强和完善我军的法制建设。这是中央军委第一次颁布专门的立法规划。

7月1日　七届全国人大常委会第二十六次会议通过《关于批准〈关于解决国家和他国国民之间投资争端公约〉的决定》。该公约是解决缔约国与其他缔约国国民之间投资争端的专门国际公约。

会议还通过《关于我国加入〈伯尔尼保护文学和艺术作品公约〉的决定》,该公约自1992年10月15日起对中国生效。

7月23日　国务院公布《全民所有制工业企业转换经营机制条例》。1992年,国务院还公布了《人民警察警衔标志式样和佩带办法》《城市市容和环境卫生管理条例》《储蓄管理条例》等行政法规。

8月10日　国务院新闻办公室发表《中国改造罪犯的状况》白皮书。

9月4日　七届全国人大常委会第二十七次会议通过《中华人民共和国税收征收管理法》。该法先后于1995年、2001年、2013年、2015年修改。

10月12日—18日　中国共产党第十四次全国代表大会举行。大会通过的报告《加快改革开放和现代化建设步伐,夺取有中国特色社会主义事业的更大胜利》,总结党的十一届三中全会以来14年的实践经验,决定抓住机遇,加快发展;确定我国经济体制改革的目标是建立社会主义市场经济体制;提出用邓小平同志建设有中国特色社会主义的理论武装全党。大会提出,没有民主和法制就没有社会主义,就没有社会主义的现代化;到建党100周年的时候,在各方面形成一整套更加成熟更加定型的制度。

大会通过《中国共产党章程(修正案)》,将邓小平同志建设有中国特色社会主义的理论写入党章;对总纲部分作了较大的调整和充实,增写了党在社会主义初级阶段的基本路线,对党的建设和党的领导的基本要求作了补充,并对民主法制建设等内容作了修改完善;同时,修改了部分条文,对党的组织制度、基层党组织的职责以及党内生活等规定作了必要的修改和补充,删去了有关顾问委员会设置和工作任务的条文,并第一次将党内法规概念写入党章。

随后于 10 月 19 日召开的中共十四届一中全会选举江泽民为中央委员会总书记,决定江泽民为中央军委主席,批准尉健行为中央纪委书记。

10 月 20 日 司法部首批批准 12 家外国和香港地区的律师事务所分别在北京、上海、广州设立办事处。

11 月 7 日 七届全国人大常委会第二十八次会议通过《中华人民共和国海商法》和《中华人民共和国矿山安全法》。《矿山安全法》于 2009 年修改。

会议通过《关于批准〈生物多样性公约〉的决定》,该公约自 1993 年 12 月 29 日起对中国生效。会议还通过《关于批准〈联合国气候变化框架公约〉的决定》,该公约自 1994 年 3 月 21 日起对中国生效。

11 月 海峡两岸关系协会与台湾海峡交流基金会,就解决两岸事务性商谈中如何表述坚持一个中国原则的问题,达成"海峡两岸同属一个中国,共同努力谋求国家统一"的共识,后被称为"九二共识"。

12 月 26 日　深圳市一届人大常委会第十三次会议通过《深圳经济特区房地产登记条例》。这是深圳市第一部经济特区法规。此前,7 月 1 日,七届全国人大常委会第二十六次会议通过《关于授权深圳市人民代表大会及其常务委员会和深圳市人民政府分别制定法规和规章在深圳经济特区实施的决定》。此后,1994 年 3 月、1996 年 3 月,八届全国人大二次会议、四次会议又分别授权厦门市、汕头市和珠海市制定经济特区法规和规章。

1993 年

1月 中央纪委、监察部开始合署办公,实行一套工作机构、履行党的纪律检查和行政监察两项职能的体制。

2月22日 七届全国人大常委会第三十次会议通过《中华人民共和国国家安全法》。这是新中国第一部国家安全专门立法。

会议还通过《中华人民共和国产品质量法》。该法先后于2000年、2009年、2018年修改。

3月15日—31日 八届全国人大一次会议举行。会议选举江泽民为国家主席、国家中央军委主席,乔石为全国人大常委会委员长,决定李鹏为国务院总理;选举任建新为最高人民法院院长,张思卿为最高人民检察院检察长。会议批准的《政府工作报告》明确提出,各级政府都要依法行政,严格依法办事。这是我国政府首次正式提出依法行政。会议批准国务院机构改革方案,首次明确提出机构改革的重点是转变政府职能。

会议通过《中华人民共和国宪法修正案》,将建设有中国特色社会主义的理论写入宪法,肯定中国正处于社会主义初级阶段,国家实行社会主义市场经济;将"国营经济""国营企业"修改为"国有经济""国有企业";明确中国共产党领导的多党合作和政治协商制度将长期存在和发展;补充完善了"国家加强经济立法,完善宏观调控"等内容。会议还通过《中华人民共和国澳门特别行政区基本法》及其三个附件和区旗、区徽图案,通过《关于设立中华人民共和国澳门特别行政区的决定》《关于〈中华人民共和国澳门特别行政区基本法〉的决定》《关于澳门特别行政区第一届政府、立法会和司法机关产生办法的决定》《关于批准澳门特别行政区基本法起草委员会关于设立全国人民代表大会常务委员会澳门特别行政区基本法委员会的建议的决定》。

4月22日 国务院公布《股票发行与交易管理暂行条例》。1993年,国务院还公布、批准了《村庄和集镇规划建设管理条例》《国家公务员暂行条例》《民族乡行政工作条例》《城市民族工作条例》《中华人民共和国企业劳动争议处理条例》等行政法规。

4月27日—29日 海峡两岸关系协会会长汪道涵和台湾海峡交流基金会董事长辜振甫在新加坡举行会谈并签订《汪辜会谈共同协议》《两岸公证书使用查证协议》等4项协议。这是两岸受权民间机构领导人的第一次会谈。

7月2日 八届全国人大常委会第二次会议通过《中华人民共和国科学技术进步法》和《中华人民共和国农业法》。《科学技术进步法》于2007年修改。《农业法》先后于2002年、2009年、2012年修改。

8月5日 北京市高级人民法院和中级人民法院同时宣布成立知识产权审判庭。这是我国人民法院第一次建立保护知识产权的专门审判庭。

9月2日 八届全国人大常委会第三次会议通过《中华人民共和国反不正当竞争法》。该法先后于2017年、2019年修改。

会议还通过《关于加强对法律实施情况检查监督的若干规定》。自1994年起，全国人大常委会每年检查法律实施情况时，通常由1位副委员长担任检查组组长。1997年，全国人大常委会决定将农业法的执法检查报告提请八届全国人大五次会议审议，这是全国人大会议第一次听取和审议执法检查报告。

10月31日 八届全国人大常委会第四次会议通过《中华人民共和国消费者权益保护法》和《中华人民共和国教师法》。《消费者权益保护法》先后于2009年、2013年修改。《教师法》于2009年修改。

11月11日—14日 中共十四届三中全会召开。全会通过《关于建立社会主义市场经济体制若干问题的决定》，制定了建立社会主义市场经济体制的总体规划，勾画了社会主义市场经济体制的基本框架。提出法制建设的目标是：本世纪末初步建立适应社会主义市场经济的法律体系；改革、完善司法制度和行政执法机制，提高司法和行政执法水平；建立健全执法监督机制和法律服务机构，深入开展法制教育，提高全社会的法律意识和法制观念。

12月26日 国务院批准《司法部关于深化律师工作改革的方案》。提出，建立起适应社会主义市场经济体制和国际交往需要的，具有中国特色，实行自愿组合、自收自支、自我发展、自我约束的律师体制。

12 月 29 日　八届全国人大常委会第五次会议通过《中华人民共和国公司法》,对我国建立规范的公司制度,保障公司的合法权益,维护社会经济秩序,保障和促进社会主义市场经济的健康发展,具有重要作用。该法先后于 1999 年、2004 年、2005 年、2013 年、2018 年修改。

1994 年

1 月 26 日 中共中央印发《中国共产党地方组织选举工作条例》。该条例于 2020 年修订。

2 月 24 日 《城市人民警察巡逻规定》公布施行,标志着人民警察巡逻制度正式建立。

3 月 3 日—5 日 全军法制工作会议召开。这是我军第一次全军性的法制工作会议。

3 月 5 日 八届全国人大常委会第六次会议通过《中华人民共和国台湾同胞投资保护法》,这是我国第一部专门涉台法律,先后于 2016 年、2019 年修改。1999 年 12 月 5 日,国务院公布《中华人民共和国台湾同胞投资保护法实施细则》。

3 月 22 日 八届全国人大二次会议通过《中华人民共和国预算法》。该法先后于 2014 年、2018 年修改。

5 月 12 日 八届全国人大常委会第七次会议通过《中华人民共和国国家赔偿法》,确立了国家赔偿的法律制度,在保障公民的基本权利和促进国家机关及其工作人员依法行使职权方面迈出重要步伐。该法先后于 2010 年、2012 年修改。

会议还通过《中华人民共和国对外贸易法》。该法先后于 2004 年、2016 年修改。

7 月 5 日 八届全国人大常委会第八次会议通过《中华

人民共和国劳动法》和《中华人民共和国城市房地产管理法》。《劳动法》先后于 2009 年、2018 年修改。《城市房地产管理法》先后于 2007 年、2009 年、2019 年修改。

8 月 23 日 中共中央印发《爱国主义教育实施纲要》。指出，要进行社会主义民主和法制教育。我国的宪法和法律是广大人民意志和利益的体现，要通过广泛深入的民主和法制教育，帮助人们了解我国的政治制度、经济制度和其他各项制度。增强国家观念和主人翁责任感，养成遵纪守法的习惯，在正确行使宪法和法律规定的公民权利的同时，忠实履行宪法和法律规定的公民义务，坚决维护国家利益。

8 月 25 日 国务院公布《音像制品管理条例》。到 1997 年年底，国务院还公布了《电影管理条例》《出版管理条例》《印刷业管理条例》《广播电视管理条例》《营业性演出管理条例》，对规范文化市场、促进文化事业繁荣发展发挥了重要作用。

8 月 31 日 八届全国人大常委会第九次会议通过《中华人民共和国仲裁法》和《中华人民共和国审计法》。《仲裁法》先后于 2009 年、2017 年修改。《审计法》于 2006 年修改。

9 月 25 日—28 日 中共十四届四中全会召开。全会通过《关于加强党的建设几个重大问题的决定》。指出，必须进一步坚持和健全民主集中制，特别要注重制度建设，以完备的制度保障党内民主，维护中央权威，保证全党在重大问题上的统一行动。

10 月 9 日 国务院公布《中华人民共和国自然保护区条例》。1994 年，国务院还公布了《农村五保供养工作条例》

《医疗机构管理条例》《城市供水条例》《国有企业财产监督管理条例》《残疾人教育条例》《中华人民共和国计算机信息系统安全保护条例》等行政法规。

12 月 9 日　中共中央以国际商贸法律制度及其关贸总协定为题举办法制讲座。从 1994 年到 2001 年,中共中央共举办 12 次法制讲座。

12 月 29 日　八届全国人大常委会第十一次会议通过《中华人民共和国监狱法》。该法于 2012 年修改。

1995 年

1月7日 中共中央印发《中国共产党党员权利保障条例（试行）》。这是党的历史上第一部保障党员权利的专门法规。2004 年 9 月 22 日,中共中央印发《中国共产党党员权利保障条例》;该条例于 2020 年修订。

1月30日 江泽民在中共中央台湾工作办公室、国务院台湾事务办公室等单位举办的新春茶话会上发表讲话,精辟阐述邓小平关于"和平统一、一国两制"思想的精髓,并就现阶段发展两岸关系、推进祖国和平统一进程提出八项主张。

2月9日 中共中央印发《党政领导干部选拔任用工作暂行条例》。2002 年 7 月 9 日,中共中央印发《党政领导干部选拔任用工作条例》;该条例先后于 2014 年、2019 年修订。

2月28日 八届全国人大常委会第十二次会议通过《中华人民共和国法官法》《中华人民共和国检察官法》《中华人民共和国人民警察法》。《法官法》和《检察官法》均先后于 2001 年、2017 年、2019 年修改。《人民警察法》于 2012 年修改。

同日 广州市法律援助中心获批准建立,并于 11 月挂牌,成为全国首家由政府设立的法律援助机构。2003 年 7 月 21 日,国务院公布《法律援助条例》。这是我国第一部全国性法律援助行政法规。到 2020 年,全国乡镇(街道)司法所及仲裁、法院、信访等矛盾纠纷相对集中的部门设立法律援助工作站 7 万余个,方便群众就近获得法律援助服务。

3 月 18 日 八届全国人大三次会议通过《中华人民共和国教育法》和《中华人民共和国中国人民银行法》。《教育法》先后于 2009 年、2015 年、2021 年修改。《中国人民银行法》于 2003 年修改。

4 月 30 日 中共中央办公厅、国务院办公厅印发《关于对党和国家机关工作人员在国内交往中收受的礼品实行登记制度的规定》和《关于党政机关县(处)级以上领导干部收入申报的规定》。

5 月 10 日 中共中央发出《关于印发〈邓小平同志建设有中国特色社会主义理论学习纲要〉的通知》。纲要对"发展社会主义民主,健全社会主义法制——关于社会主义政治体制改革的理论"作出专章论述。

同日 八届全国人大常委会第十三次会议通过《中华人民共和国商业银行法》和《中华人民共和国预备役军官法》。《商业银行法》先后于 2003 年、2015 年修改。《预备役军官法》于 2010 年修改。

5 月 30 日 国务院学位委员会办公室发出《关于开展法律专业硕士学位试点工作的通知》,确定中国人民大学、北京大学、中国政法大学等 8 所院校为首批试点单位。2006 年 12 月,法律硕士专业学位试点工作结束,转入正式实施阶段。

6 月 30 日 八届全国人大常委会第十四次会议通过《中华人民共和国保险法》。该法先后于 2002 年、2009 年、2014

年、2015 年修改。

8 月 8 日　国务院公布《淮河流域水污染防治暂行条例》。1995 年,国务院还公布了《破坏性地震应急条例》《教师资格条例》《中华人民共和国出境入境边防检查条例》《中华人民共和国监控化学品管理条例》等行政法规。

8 月 29 日　八届全国人大常委会第十五次会议通过《中华人民共和国体育法》。该法先后于 2009 年、2016 年修改。

9 月 25 日—28 日　中共十四届五中全会召开。全会通过《关于制定国民经济和社会发展"九五"计划和 2010 年远景目标的建议》。提出,坚持改革开放和法制建设的统一,做到改革决策、发展决策与立法决策紧密结合,并把经济立法放在重要位置,用法律引导、推进和保障社会主义市场经济的健康发展。

10 月 6 日—10 日　最高人民检察院和监察部联合举办的第七届国际反贪污大会在北京召开,主题是"反贪污与社会的稳定和发展"。来自 89 个国家和地区的 900 多名代表出席会议。

10 月 30 日　八届全国人大常委会第十六次会议通过《中华人民共和国民用航空法》。该法先后于 2009 年、2015年、2016 年、2017 年、2018 年、2021 年修改。

1996 年

1 月 6 日　中国法学会组织评选的首届"全国十大杰出青年法学家"揭晓。到 2020 年年底,评选已进行九届,共评选出 89 位"全国杰出青年法学家"和 93 位"全国杰出青年法学家"提名奖获得者。

2 月 8 日　江泽民在中共中央举办的法制讲座上发表讲话,第一次明确提出"依法治国",强调依法治国是我们党和政府管理国家和社会事务的重要方针,是社会进步、社会文明的重要标志,是我们建设社会主义现代化国家的必然要求。

3 月 1 日　八届全国人大常委会第十八次会议通过《中华人民共和国戒严法》。

3 月 17 日　八届全国人大四次会议通过《中华人民共和国行政处罚法》。这是我国第一部保障和监督行政机关依法行使行政职权、统一规范行政行为的法律。该法先后于 2009 年、2017 年、2021 年修改。

会议还通过《关于修改〈中华人民共和国刑事诉讼法〉的决定》,进一步改革和完善刑事诉讼制度和司法制度,更好地保护公民权利,维护社会秩序。此后,《刑事诉讼法》又先后于 2012 年、2018 年两次修改,明确写入"尊重和保障人权",增加不得强迫任何人证实自己有罪的规定,明确规定了非法证据排除的具体标准,完善了与监察法的衔接机制,调整了人民检察院侦查职权,并对强制措施、辩护制度、审判程序、执行程序等方面的规定作了进一步完善。

5月15日 八届全国人大常委会第十九次会议通过《中华人民共和国律师法》和《中华人民共和国职业教育法》。《律师法》先后于2001年、2007年、2012年、2017年修改。

会议还通过《关于批准〈联合国海洋法公约〉的决定》。

6月1日 中共中央办公厅印发《关于地方各级人民法院机构改革的意见》和《关于地方各级人民检察院机构改革的意见》,要求按照精简统一效能原则,理顺关系,合理设置机构,充实基层一线力量。

7月5日 八届全国人大常委会第二十次会议通过《中华人民共和国拍卖法》。该法先后于2004年、2015年修改。

8月12日 江泽民为《社会主义法制建设基本知识》一书作序。指出,党领导人民制定宪法和法律,又自觉地在宪法和法律范围内活动,严格依法办事,依法管理国家,这对实现全党和全国人民意志的统一,对维护法律的尊严和中央的权威,具有重大而深远的意义。党和国家的各级领导干部必须熟练地掌握履行领导职责所必需的各种法律和法规的基本知识,特别是有关经济法律和法规的基本知识,以利正确运用法律手段去保证和促进社会主义市场经济的健康发展。

10月29日 八届全国人大常委会第二十二次会议通过《中华人民共和国乡镇企业法》和《中华人民共和国人民防空法》。《人民防空法》于2009年修改。

12月11日 香港特别行政区第一届政府推选委员会举

行第三次全体会议,选举董建华为香港特别行政区第一任行政长官人选。16日,国务院任命董建华为香港特别行政区第一任行政长官。

12月30日 八届全国人大常委会第二十三次会议通过《中华人民共和国香港特别行政区驻军法》。1997年7月1日,八届全国人大常委会第二十六次会议通过有关决定,将该法列入香港特别行政区基本法附件三,在香港特别行政区实施。

同日 国务院公布《血液制品管理条例》。1996年,国务院还公布了《企业国有资产产权登记管理办法》《城市道路管理条例》《中华人民共和国人民警察使用警械和武器条例》《中华人民共和国计算机信息网络国际联网管理暂行规定》等行政法规。

1997 年

2月23日 八届全国人大常委会第二十四次会议通过《中华人民共和国合伙企业法》。该法于 2006 年修改。

2月27日 中共中央印发《中国共产党纪律处分条例（试行）》。2003 年 12 月 31 日,中共中央印发《中国共产党纪律处分条例》;该条例先后于 2015 年、2018 年修订。

3月7日 国务院法制局批复同意北京市在宣武区开展城市管理综合执法试点工作,率先探索实施相对集中行政处罚权。2000 年 9 月 8 日,国务院办公厅发出《关于继续做好相对集中行政处罚权试点工作的通知》。2002 年 8 月 22 日,国务院印发《关于进一步推进相对集中行政处罚权工作的决定》,授权省(自治区、直辖市)人民政府可以决定在本行政区域内有计划、有步骤地开展相对集中行政处罚权工作。

3月14日 八届全国人大五次会议通过新修订的《中华人民共和国刑法》。修订后的刑法明确规定了罪刑法定、法律面前人人平等、罪刑相当原则,由原来的 192 条增为 452 条,成为一部统一的、比较完备的刑法典。

会议还通过《中华人民共和国国防法》。该法先后于2009 年、2020 年修改。

6月30日午夜—7月1日凌晨 中英两国政府香港政权

交接仪式在香港举行,宣告中国政府对香港恢复行使主权。中华人民共和国香港特别行政区成立。交接仪式后,举行中华人民共和国香港特别行政区成立暨特区政府宣誓就职仪式。中国人民解放军驻港部队于 7 月 1 日零时开始履行香港防务职责。

7 月 1 日 八届全国人大常委会第二十六次会议决定成立全国人大常委会香港特别行政区基本法委员会。1999 年 12 月,九届全国人大常委会第十三次会议决定成立全国人大常委会澳门特别行政区基本法委员会。这两个委员会作为全国人大常委会下设的工作委员会。

7 月 21 日 国务院公布《殡葬管理条例》。1997 年,国务院还公布了《公安机关督察条例》《罚款决定与罚款收缴分离实施办法》《农药管理条例》《中华人民共和国海关稽查条例》等行政法规。

8 月 29 日 中共中央决定开除陈希同党籍,对其涉嫌犯罪问题移送司法机关依法处理。1998 年 7 月 31 日,北京市高级人民法院公开宣判陈希同贪污、玩忽职守案,决定执行有期徒刑 16 年。

9 月 12 日—18 日 中国共产党第十五次全国代表大会举行。大会通过的报告《高举邓小平理论伟大旗帜,把建设有中国特色社会主义事业全面推向二十一世纪》,着重阐述邓小平理论的历史地位和指导意义;提出党在社会主义初级阶段的基本纲领;明确我国改革开放和现代化建设跨世纪发展的宏伟目标。大会把依法治国确定为党领导人民治理国家的基本方略,强调依法治国是发展社会主义市场经济的客观需要,是社会文明进步的重要标志,是国家长治久安的重要保障。大会把依法治国的目标由"建设社会主义法制国家"改为"建设社会主义法治国家",并就建设社会主义法治国家需要解决的一系列重大问题作了全面阐述。大会还提出加强立法工作,提高立法质量,到 2010 年形成有中国特色社会主义法律体系。

大会通过的《中国共产党章程修正案》集中在一个重大问题上,即把邓小平理论同马克思列宁主义、毛泽东思想一道确立为党的指导思想并载入党章。

随后于 9 月 19 日召开的中共十五届一中全会选举江泽民为中央委员会总书记,决定江泽民为中央军委主席,批准尉健行为中央纪委书记。

11 月 1 日 八届全国人大常委会第二十八次会议通过《中华人民共和国节约能源法》和《中华人民共和国建筑法》。《节约能源法》先后于 2007 年、2016 年、2018 年修改。《建筑法》先后于 2011 年、2019 年修改。

12 月 23 日—25 日 全国政法工作会议召开。江泽民在会上讲话指出,党的十五大明确把依法治国确定为党领导人民治理国家的基本方略,并把依法治国、建设社会主义法治国家作为政治体制改革的一项重要内容,这是一个重大决策。实行依法治国,建设社会主义法治国家,是一项复杂的社会系统工程,在立法、执法、司法和普法教育等方面都有大量的工作要做,需要付出艰苦的努力。

12 月 29 日 八届全国人大常委会第二十九次会议通过《中华人民共和国价格法》《中华人民共和国献血法》《中华人

民共和国防震减灾法》。《防震减灾法》于 2008 年修改。

12 月 最高人民法院二审公开开庭审理泰国贤成两合公司、深圳贤成大厦有限公司诉深圳市工商局注销企业登记决定成立清算组和深圳市外资办批准成立深圳鸿昌广场有限公司行政纠纷上诉案。1998 年 7 月 21 日,最高人民法院二审宣判维持一审判决。此前,1997 年 8 月 11 日,广东省高级人民法院一审判决深圳市工商局和深圳市外资办败诉。

1998 年

3月5日—19日 九届全国人大一次会议举行。会议选举江泽民为国家主席、国家中央军委主席,李鹏为全国人大常委会委员长,决定朱镕基为国务院总理;选举肖扬为最高人民法院院长,韩杼滨为最高人民检察院检察长。会议批准国务院机构改革方案,决定调整和减少专业经济部门,加强宏观调控和执法监管部门。

3月30日 中共中央印发《中国共产党党和国家机关基层组织工作条例》。该条例先后于2010年、2019年修订。

5月22日 最高人民法院印发《关于人民法院认可台湾地区有关法院民事判决的规定》。规定,对台湾地区有关法院的民事判决在祖国大陆的效力,在遵守一个中国原则、不违反国家法律的基本原则、不损害社会公共利益的前提下,人民法院经过审查,予以认可。对台湾地区仲裁机构的裁决的认可,也同样适用这项规定。

5月29日 中国政府签署《〈联合国气候变化框架公约〉京都议定书》。该议定书自2005年2月16日起对中国生效。

6月26日 九届全国人大常委会第三次会议通过《中华人民共和国执业医师法》和《中华人民共和国专属经济区和大陆架法》。《执业医师法》于2009年修改。

7月11日 北京市第一中级人民法院公开开庭审理八一电影制片厂等国内10家电影制片厂诉北京天都电影版权代理中心等3家单位侵犯著作权纠纷一案。中央电视台对庭审全程进行了现场直播,海外有7家媒体进行了转播。这在我国的审判史和新闻史上都是第一次。

7月13日—15日 中共中央、国务院召开全国打击走私工作会议。会议指出,党中央、国务院决定组建国家缉私警察队伍,专司打击走私犯罪活动。1999年和2000年,广东湛江特大走私案和福建厦门特大走私案先后被查处。

7月 中共中央作出决定,军队、武警部队、政法机关一律不再从事经商活动。

8月29日 九届全国人大常委会第四次会议通过《中华人民共和国高等教育法》。该法先后于2015年、2018年修改。

10月5日 中国政府签署《公民权利和政治权利国际公约》。

10月25日 国务院公布《社会团体登记管理条例》《民办非企业单位登记管理暂行条例》《事业单位登记管理暂行条例》。1998年,国务院还公布了《基本农田保护条例》《城市房地产开发经营管理条例》《建设项目环境保护管理条例》《地震预报管理条例》等行政法规。

同日 最高人民检察院印发《关于在全国检察机关实行"检务公开"的决定》。

11月21日 中共中央、国务院印发《关于实行党风廉政建设责任制的规定》。该规定于2010年修订。

11 月　根据《中华人民共和国法官等级暂行规定》和《中华人民共和国检察官等级暂行规定》，最高人民法院、最高人民检察院先后印发《评定法官等级实施办法》和《评定检察官等级实施办法》。我国法官等级制度、检察官等级制度正式实行。

12 月 29 日　九届全国人大常委会第六次会议通过《中华人民共和国证券法》。该法先后于 2004 年、2005 年、2013 年、2014 年、2019 年修改。

1999 年

1 月 16 日　广东省高级人民法院公开审理广东国际信托投资公司破产案。该案是我国首例通过司法程序宣告破产还债的非银行金融机构破产案,在当时被称为"债权清偿率最高的案例"。在长达 4 年的案件处理期间,最高人民法院专门就此案发布了 7 个司法解释性文件,不仅为案件的顺利审结和金融风险化解提供司法保障,也为后续制定《中华人民共和国企业破产法》提供了实践依据。

2 月 8 日　最高人民检察院印发《检察工作五年发展规划》。到 2021 年 6 月,最高人民检察院共印发 4 个五年发展规划。

2 月 13 日　中共中央印发《中国共产党农村基层组织工作条例》。该条例于 2018 年修订。

3 月 8 日　最高人民法院印发《关于严格执行公开审判制度的若干规定》。2007 年 6 月 4 日,最高人民法院印发《关于加强人民法院审判公开工作的若干意见》,确定依法公开、及时公开和全面公开的原则。

3 月 15 日　九届全国人大二次会议通过《中华人民共和国宪法修正案》。确立了邓小平理论在我国社会主义现代化建设事业中的指导地位,增加了中华人民共和国实行依法治国,建设社会主义法治国家;国家在社会主义初级阶段,坚持公有制为主体、多种所有制经济共同发展的基本经济制度,坚持按劳分配为主体、多种分配方式并存的分配制度;农村集体经济组织实行家庭承包经营为基础、统分结合的双层经营体制;在法律规定范围内的个体经济、私营经济等非公有制经济,是社会主义市场经济的重要组成部分。同时相应调整、修改有关规定。

会议还通过《中华人民共和国合同法》。该法是在原有的经济合同法、涉外经济合同法和技术合同法基础上制定的统一的、较为完备的合同法,是民法的重要组成部分,是市场经济的基本法律。

4 月 15 日　中共中央印发《关于进一步加强政法干部队伍建设的决定》,明确了今后一个时期政法干部队伍建设的目标和任务,要求推进政法干部队伍的革命化、正规化、现代化建设,全面提高政法干部队伍的政治素质和业务素质。

4 月 22 日　中共中央办公厅印发《党政领导干部交流工作暂行规定》。2006 年 6 月 10 日,中共中央办公厅印发《党政领导干部交流工作规定》,干部交流工作逐步走上制度化轨道。

4 月 29 日　九届全国人大常委会第九次会议通过《中华人民共和国行政复议法》。该法先后于 2009 年、2017 年修改。

5 月 8 日　以美国为首的北约悍然袭击我驻南斯拉夫使馆。中国政府立即发表声明,谴责该行径粗暴侵犯中国主权,肆意践踏国际法和国际关系基本准则,要求以美国为首的北约对此承担全部责任。在我国政府的严正交涉下,美国等北约国家领导人向中国政府、人民和受害者家属公开道歉。后经若干轮谈判,中美就赔偿问题达成协议,美方向中方作出赔偿。

5 月 15 日　澳门特别行政区第一届政府推选委员会举行第三次全体会议,选举何厚铧为澳门特别行政区第一任行政长官人选。20 日,国务院任命何厚铧为澳门特别行政区第一任行政长官。

6 月 26 日　九届全国人大常委会第十次会议通过《关于〈中华人民共和国香港特别行政区基本法〉第二十二条第四款和第二十四条第二款第(三)项的解释》,就香港永久性居民在香港以外所生中国籍子女的居留权等问题作出解释。此后,全国人大常委会先后于 2004 年、2005 年、2011 年、2016 年就行政长官产生办法和立法会产生办法修改的法律程序、补选产生的行政长官的任期、国家豁免规则或政策、公职人员就职宣誓等问题,对香港特别行政区基本法及其附件的有关条款作出解释。

6 月 28 日　九届全国人大常委会第十次会议通过《中华人民共和国预防未成年人犯罪法》。该法先后于 2012 年、2020 年修改。

会议还通过《中华人民共和国澳门特别行政区驻军法》。12 月 20 日,九届全国人大常委会第十三次会议通过有关决定,将该法列入澳门特别行政区基本法附件三,在澳门特别行政区实施。

7 月 5 日—6 日　国务院召开全国依法行政工作会议。

这是国务院第一次召开依法行政的工作会议。11 月 8 日,国务院印发《关于全面推进依法行政的决定》。这是第一份专门部署依法行政工作的国务院文件。

7 月 7 日 中共中央发出《关于转发〈中共最高人民法院党组关于解决人民法院"执行难"问题的报告〉的通知》,要求各级党委、人民政府切实加强对人民法院执行工作的领导和支持,要站在推进社会主义民主和法制建设进程的战略高度,充分认识解决人民法院"执行难"问题的重要意义。

7 月 19 日 中共中央发出《关于共产党员不准修炼"法轮大法"的通知》。22 日,民政部作出《关于取缔法轮大法研究会的决定》。8 月 3 日,新华社播发特约评论员文章《运用法律武器夺取与"法轮功"斗争的彻底胜利》。10 月 30 日,九届全国人大常委会第十二次会议通过《关于取缔邪教组织、防范和惩治邪教活动的决定》。

8 月 30 日 九届全国人大常委会第十一次会议通过《中华人民共和国个人独资企业法》和《中华人民共和国招标投标法》。《招标投标法》于 2017 年修改。

9 月 28 日 国务院公布《城市居民最低生活保障条例》。1999 年,国务院还公布了《失业保险条例》《住房公积金管理条例》《国家科学技术奖励条例》等行政法规。

10 月 20 日 最高人民法院印发《人民法院五年改革纲要》。到 2021 年 6 月,最高人民法院共印发了 5 个五年改革纲要。

12 月 19 日午夜—20 日凌晨 中葡两国政府澳门政权交接仪式在澳门举行,宣告中国政府对澳门恢复行使主权。中

华人民共和国澳门特别行政区成立。交接仪式后,举行中华
人民共和国澳门特别行政区成立暨特区政府宣誓就职仪式。
中国人民解放军驻澳部队于 20 日零时开始履行澳门防务
职责。

12 月 25 日　　九届全国人大常委会第十三次会议通过
《中华人民共和国刑法修正案》。到 2021 年 6 月,全国人大
常委会先后审议通过 11 件刑法修正案。

2000 年

1 月 26 日　中共中央办公厅印发《最高人民法院、最高人民检察院机关机构改革意见》，提出加强并完善法律赋予的审判、检察职能，调整机构设置和人员结构。8 月 7 日，中共中央办公厅印发《最高人民法院机关机构改革方案》和《最高人民检察院机关机构改革方案》。

1 月　我国向联合国东帝汶任务区派遣首批维和警察，拉开了中国公安机关参与联合国维和行动的序幕。

2 月 12 日　国务院办公厅转发教育部、国家计委、财政部《关于调整国务院部门(单位)所属学校管理体制和布局结构的实施意见》。根据该意见，司法部将直属的中国政法大学、西南政法大学、华东政法学院、西北政法学院、中南政法学院 5 所政法高等院校划转教育部及有关省市管理。

2 月 15 日　最高人民检察院印发《检察改革三年实施意见》。提出，实现"改革检察官办案机制，全面建立主诉、主办检察官办案责任制"等 6 项改革目标。

3 月 15 日　九届全国人大三次会议通过《中华人民共和国立法法》，对立法应当遵循的基本原则、立法权限、立法程序、法律解释、适用规则以及立法监督等问题作出了规定。该法是关于国家立法制度的重要法律，对维护国家法制统一,建立和完善中国特色社会主义法律体系有十分重要的意义。

6月30日 中德两国签署《中德法律交流与合作协议》,两国正式建立法治国家对话机制。到 2021 年,双方共举行 18 次年度对话活动,先后签署落实 7 个实施计划。

7月27日 最高人民法院印发《关于对经济确有困难的当事人予以司法救助的规定》。2009 年 3 月,中央政法委员会、最高人民法院、最高人民检察院、公安部、司法部等印发《关于开展刑事被害人救助工作的若干意见》,标志着刑事被害人救助工作全面启动。

7月28日 最高人民法院印发《人民法院审判长选任办法(试行)》,在全国法院推行审判长选任制度。

9月25日 国务院公布《中华人民共和国电信条例》。2000 年,国务院还公布了《建设工程质量管理条例》《医疗器械监督管理条例》《个人存款账户实名制规定》《互联网信息服务管理办法》《金融资产管理公司条例》等行政法规。

10月31日 九届全国人大常委会第十八次会议通过《中华人民共和国国家通用语言文字法》。

12月26日 江泽民在十五届中央纪委五次全会上讲话强调,各级党委要坚持"两手抓、两手都要硬"的战略方针,加强统一领导,坚定不移地贯彻党中央关于反腐倡廉的方针政策和各项工作部署,坚持标本兼治,加大治本工作的力度,努力从源头上预防和治理腐败,维护和促进改革、发展、稳定的大局。要依靠发展民主、健全法制来预防和治理腐败现象,加强社会主义民主政治建设和法制建设,使人民群众在民主选举、民主决策、民主管理、民主监督中发挥更加积极的作用。

12 月 28 日　九届全国人大常委会第十九次会议通过《中华人民共和国引渡法》和《关于维护互联网安全的决定》。

2001 年

1 月 10 日　江泽民在全国宣传部长会议上讲话指出,要在全社会大力宣传和弘扬为实现社会主义现代化而不懈奋斗的精神,强调要把依法治国与以德治国紧密结合起来。

2 月 28 日　九届全国人大常委会第二十次会议通过《关于批准〈经济、社会及文化权利国际公约〉的决定》。

3 月 24 日　中共中央办公厅印发《地方各级人民法院机构改革意见》和《地方各级人民检察院机构改革意见》,提出建立机构设置合理、职责划分清晰、编制配备精干、运转有序高效的审判、检察体制。

6 月 15 日　中国、俄罗斯、哈萨克斯坦、吉尔吉斯斯坦、塔吉克斯坦、乌兹别克斯坦六国元首共同签署《上海合作组织成立宣言》,正式建立上海合作组织。这是第一个由中国参与推动建立并以中国城市命名的地区性合作组织。六国元首还签署了《打击恐怖主义、分裂主义和极端主义上海公约》。

7 月 1 日　江泽民在庆祝中国共产党成立 80 周年大会上讲话指出,各级党组织和每个党员都要严格按照党的章程和党内法规行事,严格遵守党的纪律。要通过加强党内监督、法律监督、群众监督,建立健全依法行使权力的制约机制和监督机制。

9 月 19 日 中共中央办公厅、国务院办公厅印发《关于适应我国加入世界贸易组织进程清理地方性法规、地方政府规章和其他政策措施的意见》。到 2002 年 6 月底，全国 31 个省（自治区、直辖市）和 49 个较大的市修改、废止有关地方性法规、地方政府规章或者停止执行有关文件和其他政策措施 195778 件。

9 月 20 日 中共中央印发《公民道德建设实施纲要》，提出要把法制建设与道德建设、依法治国与以德治国紧密结合起来，逐步形成与发展社会主义市场经济相适应的社会主义道德体系。

9 月 24 日—26 日 中共十五届六中全会召开。全会通过《关于加强和改进党的作风建设的决定》。指出，党员干部要努力学习和掌握党章党规和国家法律法规，做遵纪守法和依法办事的模范。要建立结构合理、配置科学、程序严密、制约有效的权力运行机制，保证权力沿着制度化和法制化的轨道运行。

10 月 27 日 九届全国人大常委会第二十四次会议通过《中华人民共和国职业病防治法》。该法先后于 2011 年、2016 年、2017 年、2018 年修改。

11 月 10 日 在卡塔尔首都多哈召开的世界贸易组织第四届部长级会议以全体协商一致的方式，审议并通过中国加入世界贸易组织的决定。12 月 11 日，中国正式成为世界贸易组织成员。

11 月 12 日—14 日 亚欧国家总检察长会议在广州举

行。江泽民在会前会见会议代表时指出,亚欧各国检察机关应进一步加强交流与合作,为最大限度地减少犯罪,营造一个有利于亚欧各国人民实现和平与发展的国际与地区环境而努力。

11 月 16 日 国务院公布《行政法规制定程序条例》和《规章制定程序条例》。12 月 14 日,国务院公布《法规规章备案条例》;2002 年 9 月,经国务院批准,第一次全国性备案工作座谈会在合肥召开。

11 月 26 日 国务院公布《中华人民共和国反倾销条例》《中华人民共和国反补贴条例》《中华人民共和国保障措施条例》。2001 年,国务院还公布了《长江三峡工程建设移民条例》《农业转基因生物安全管理条例》《行政执法机关移送涉嫌犯罪案件的规定》《计算机软件保护条例》等行政法规。

12 月 21 日 最高人民法院印发《关于民事诉讼证据的若干规定》,进一步规范和强化当事人的举证责任,明确当事人的举证时限和审判人员调查取证的范围,更加方便当事人通过诉讼维护合法权益,也有利于法官查明案件事实,公正高效地审理案件。

12 月 29 日 九届全国人大常委会第二十五次会议通过《中华人民共和国人口与计划生育法》。该法于 2015 年修改。

2002 年

1 月 8 日 最高人民法院印发《人民法院法槌使用规定（试行）》，规定人民法院审判人员在审判法庭开庭审理案件时使用法槌。24 日，最高人民法院印发《人民法院法官袍穿着规定》，规定人民法院的法官配备法官袍，并对穿着场合作出规定。

1 月 10 日 国务院西部开发办公室召开退耕还林工作电视电话会议，全面启动退耕还林工程。12 月 14 日，国务院公布《退耕还林条例》。

3 月 21 日 江泽民在会见我国首批大法官、大检察官时讲话指出，新形势新任务，要求我们必须进一步加强司法工作，大力加强法官和检察官队伍建设，使这支队伍具备很高的思想政治素质和业务素质，讲学习、讲政治、讲正气，顾大局，守纪律，努力实践"三个代表"要求，谙熟法律，知识广博，刚正不阿，执法如山。建设起这样一支高素质的法官和检察官队伍，我国司法工作的水平就能不断得到提高。

3 月 26 日 中国就美国钢铁保障措施向世贸组织提起诉讼。2003 年 11 月，世贸组织裁决美国钢铁保障措施违反世贸规则，美国于同年 12 月撤销了涉案措施。该案是中国在世贸组织第一案，是中国成为世贸组织成员后，运用世贸组织争端解决机制解决贸易争议、合法保护自身贸易利益的重要标志。

3月30日—31日 首次国家统一司法考试举行,实现了法律职业准入制度由分散到统一的转变。到2017年,国家统一司法考试共举行16次,全国619万余人次报名,513万余人参加,98万余人通过考试取得法律职业资格。

4月4日 国务院公布《医疗事故处理条例》。2002年,国务院还公布了《危险化学品安全管理条例》《奥林匹克标志保护条例》《行政区域界线管理条例》《互联网上网服务营业场所管理条例》等行政法规。

6月29日 九届全国人大常委会第二十八次会议通过《中华人民共和国政府采购法》和《中华人民共和国安全生产法》。《政府采购法》于2014年修改。《安全生产法》先后于2009年、2014年、2021年修改。

10月11日 国务院办公厅转发中央编办《关于清理整顿行政执法队伍实行综合行政执法试点工作的意见》。决定,在广东省、重庆市开展清理整顿行政执法队伍、实行综合行政执法试点工作,其他省(自治区、直辖市)各选择1至2个具备条件的市(地)、县(市)进行试点。

11月4日 第六次东盟与中国领导人会议在柬埔寨金边举行。中国与东盟十国在会议期间签署了《南海各方行为宣言》。这是中国与东盟签署的第一份有关南海问题的政治文件,强调通过友好协商和谈判,以和平方式解决南海有关争议。

同日 中国与东盟十国签署《中国—东盟全面经济合作

框架协议》，正式启动自由贸易进程。2010年，中国—东盟自由贸易区全面建成。

11月8日—14日　中国共产党第十六次全国代表大会举行。大会通过的报告《全面建设小康社会，开创中国特色社会主义事业新局面》，提出全面建设小康社会的奋斗目标，阐述全面贯彻"三个代表"重要思想的根本要求，并首次提出"坚持依法执政"，强调必须善于把坚持党的领导、人民当家作主和依法治国统一起来，不断提高依法执政的能力。

大会通过《中国共产党章程（修正案）》，把"三个代表"重要思想同马克思列宁主义、毛泽东思想、邓小平理论一道确立为党的指导思想并载入党章；增写了中国共产党同时是中国人民和中华民族的先锋队；明确了将申请入党对象扩大到其他社会阶层的先进分子；增写了在社区、社会团体、社会中介组织中成立党的基层组织的内容；增写了"党徽党旗"一章；将实行依法治国和以德治国相结合等党在建设中国特色社会主义实践中取得的一系列重大认识和成果写入党章。

随后于11月15日召开的中共十六届一中全会选举胡锦涛为中央委员会总书记，决定江泽民为中央军委主席，批准吴官正为中央纪委书记。

11月19日　第九次全国地方立法研讨会在深圳举行。从1991年开始，各省（自治区、直辖市）人大常委会法制工作机构自发组织立法工作研讨会，先后召开过8次。从2002年开始，全国地方立法研讨会改为每年举办一次，由全国人大常委会法工委主办。2017年，"全国地方立法研讨会"更名为"全国地方立法工作座谈会"。

11月23日 英费尼特航运有限公司所属马耳他籍"塔斯曼海"油轮与其他船只在天津大沽口东部海域发生碰撞，导致原油入海，造成附近海域污染。2004年12月，天津海事法院依法判处被告英费尼特航运有限公司赔偿原告天津市海洋局海洋环境容量损失750.58万元，赔偿原告调查、监测评估费用及生物修复研究经费等245万余元。该案是中国首例污染海洋生态涉外索赔案，首次确定了海洋生态环境价值，开创了维护中国海洋生态环境权益的先河。

12月4日 首都各界纪念中华人民共和国宪法公布施行20周年大会举行。胡锦涛讲话强调，在整个改革开放和社会主义现代化的进程中，我们都必须坚持依法治国的基本方略。实行依法治国的基本方略，首先要全面贯彻实施宪法。这是建设社会主义政治文明的一项根本任务，也是建设社会主义法治国家的一项基础性工作，要长期抓下去，坚持不懈地抓好。

12月26日 十六届中央政治局以认真贯彻实施宪法和全面建设小康社会为题进行第一次集体学习。胡锦涛在主持学习时强调，《中华人民共和国宪法》是我国的根本法，是治国安邦的总章程，是保持国家统一、民族团结、经济发展、社会进步、长治久安的法律基础，是中国共产党执政兴国、团结带领全国各族人民建设中国特色社会主义的法制保证。此后，十六届中央政治局先后以坚持依法治国、建设社会主义政治文明，法制建设与完善社会主义市场经济体制，坚持科学执政、民主执政、依法执政等为题，进行了6次法治建设方面的集体学习。

12 月 28 日 九届全国人大常委会第三十一次会议通过《中华人民共和国民办教育促进法》。该法先后于 2013 年、2016 年、2018 年修改。

2003 年

1 月 31 日 国务院批转《司法部关于监狱体制改革试点工作指导意见的通知》,决定从 2003 年开始,在黑龙江、上海、江西等 6 省(直辖市)开展监狱体制改革试点工作。2007 年 11 月 1 日,国务院批转《司法部关于全面实行监狱体制改革指导意见的通知》,决定从 2008 年起全面实行监狱体制改革,按照"全额保障、监企分开、收支分开、规范运行"方针,逐步建立新型监狱管理体制。

2 月 6 日 史久镛出任国际法院院长。这是自 1946 年国际法院成立以来首位担任院长的中国籍法官。

3 月 5 日—18 日 十届全国人大一次会议举行。会议选举胡锦涛为国家主席,江泽民为国家中央军委主席,吴邦国为全国人大常委会委员长,决定温家宝为国务院总理;选举肖扬为最高人民法院院长,贾春旺为最高人民检察院检察长。

4 月 3 日 中央军委印发《中国人民解放军安全工作条例》。2008 年《中国人民解放军安全条例》发布施行;该条例于 2019 年修订并更名为《军队安全管理条例》。

5 月 9 日 国务院公布《突发公共卫生事件应急条例》,将非典型肺炎防治工作纳入依法、规范、科学、有序的轨道,为夺取抗击非典斗争的胜利提供了法制保障。2005 年 4 月 17

日,国务院印发《国家突发公共事件总体应急预案》。

6月8日 中共中央发出《关于印发〈"三个代表"重要思想学习纲要〉的通知》。纲要对"依法治国,建设社会主义法治国家"作出专门论述。

6月20日 国务院公布《城市生活无着的流浪乞讨人员救助管理办法》,自8月1日起施行,1982年出台的《城市流浪乞讨人员收容遣送办法》同时废止。

6月26日 司法部、民政部发出《关于开展"民主法治示范村"创建活动的通知》,在全国农村开展"民主法治示范村"创建活动。到2020年年底,先后命名了8批共3944个"全国民主法治示范村(社区)"。

6月29日 内地与香港签署《内地与香港关于建立更紧密经贸关系的安排》。10月17日,内地与澳门签署《内地与澳门关于建立更紧密经贸关系的安排》。

7月10日 最高人民法院、最高人民检察院、公安部、司法部发出《关于开展社区矫正试点工作的通知》,确定在北京、江苏等6省(直辖市)开展社区矫正试点工作。2009年在全国全面试行。到2020年年底,我国已累计接收社区矫正对象537万人,累计解除矫正473万人,在册社区矫正对象64万人,社区矫正期间矫正对象再犯罪率一直处于0.2%的较低水平。

8月8日 国务院公布《婚姻登记条例》。2003年,国务院还公布了《工伤保险条例》《物业管理条例》《公共文化体育设施条例》《建设工程安全生产管理条例》《地质灾害防治条例》等行政法规。

8 月 27 日 十届全国人大常委会第四次会议通过《中华人民共和国行政许可法》,对行政许可的设定和实施作出全方位规范。该法是我国第一部行政许可法,于 2019 年修改。

10 月 11 日—14 日 中共十六届三中全会召开。全会通过《关于完善社会主义市场经济体制若干问题的决定》,明确完善社会主义市场经济体制的主要任务,提出坚持以人为本,树立全面、协调、可持续的发展观,促进经济社会和人的全面发展。要求建立归属清晰、权责明确、保护严格、流转顺畅的现代产权制度,保障所有市场主体的平等法律地位和发展权利。全会提出,按照依法治国的基本方略,着眼于确立制度、规范权责、保障权益,加强经济立法。加大执法力度,提高行政执法、司法审判和检察的能力和水平,确保法律法规的有效实施,维护法制的统一和尊严。

10 月 15 日 最高人民检察院印发《关于人民检察院直接受理侦查案件实行人民监督员制度的规定(试行)》和《人民监督员制度试点工作方案》,开始探索建立人民监督员制度。2010 年 11 月 3 日,最高人民检察院印发《关于实行人民监督员制度的规定》,人民监督员制度在全国检察机关全面推行。2015 年 3 月 7 日,最高人民检察院、司法部印发《深化人民监督员制度改革方案》,人民监督员改由司法行政机关选任和管理。

10 月 28 日 十届全国人大常委会第五次会议通过《中华人民共和国道路交通安全法》。该法先后于 2007 年、2011 年、2021 年修改。

11 月 25 日 纪念毛泽东同志批示"枫桥经验"40 周年

暨创新"枫桥经验"大会在浙江诸暨举行。

12 月 10 日　中国政府在联合国高级别政治会议上签署《联合国反腐败公约》。2005 年 10 月 27 日,十届全国人大常委会第十八次会议审议并批准《联合国反腐败公约》。2006 年 2 月,我国成为《联合国反腐败公约》缔约国。

12 月 22 日　最高人民法院对刘涌等组织领导黑社会性质组织、故意伤害、故意毁坏财物、非法经营、行贿、非法持有枪支、妨害公务案作出判决,判处刘涌死刑,立即执行。该案是最高人民法院依照刑事诉讼审判监督程序公开开庭审理的第一案。

12 月 27 日　十届全国人大常委会第六次会议通过《中华人民共和国银行业监督管理法》。该法于 2006 年修改。

2004 年

3 月 5 日 十届全国人大二次会议批准的《政府工作报告》第一次明确提出"建设法治政府"的目标。22 日,国务院印发《全面推进依法行政实施纲要》,明确此后 10 年全面推进依法行政的主要任务和措施。6 月 28 日,全国依法行政工作电视电话会议召开。

3 月 14 日 十届全国人大二次会议通过《中华人民共和国宪法修正案》,确立"三个代表"重要思想在国家政治和社会生活中的指导地位,进一步明确国家对发展非公有制经济的方针,明确国家尊重和保障人权、公民的合法的私有财产不受侵犯,增加了推动物质文明、政治文明和精神文明协调发展的内容,增加了建立健全社会保障制度、国歌等方面的规定,补充完善了土地征用、公民私有财产征收征用和补偿、国家主席进行国事活动、全国人民代表大会组成、县乡人大任期等制度。

4 月 26 日 十届全国人大常委会第九次会议通过《关于香港特别行政区 2007 年行政长官和 2008 年立法会产生办法有关问题的决定》。

8 月 28 日 十届全国人大常委会第十一次会议通过《中华人民共和国电子签名法》。该法先后于 2015 年、2019 年修改。

9月15日 首都各界纪念全国人民代表大会成立50周年大会举行。胡锦涛讲话强调,坚定不移实施依法治国的基本方略,是国家长治久安的重要保障。依法治国,前提是有法可依,基础是提高全社会法律意识和法制观念,关键是依法执政、依法行政、依法办事、公正司法。

9月16日—19日 中共十六届四中全会召开。全会通过《关于加强党的执政能力建设的决定》,明确提出依法执政是新的历史条件下党执政的一个基本方式。全会同意江泽民辞去中央军委主席职务,决定胡锦涛为中央军委主席。

11月30日 国务院公布《宗教事务条例》。2004年,国务院还公布了《反兴奋剂条例》《粮食流通管理条例》《收费公路管理条例》《著作权集体管理条例》《基金会管理条例》等行政法规。

12月 中共中央转发《中央司法体制改革领导小组关于司法体制和工作机制改革的初步意见》,提出改革和完善诉讼制度、诉讼收费制度、检察监督体制等10个方面的35项改革任务。从2004年开始,我国启动了统一规划部署和组织实施的大规模司法改革,司法改革走向整体统筹、有序推进的阶段。

2005 年

1 月 11 日 胡锦涛在十六届中央纪委五次全会上讲话指出,要经过努力,建立起思想道德教育的长效机制、反腐倡廉的制度体系、权力运行的监控机制,建成完善的惩治和预防腐败体系。

2 月 28 日 十届全国人大常委会第十四次会议通过《关于司法鉴定管理问题的决定》,确立统一的司法鉴定管理体制,实行统一的登记管理制度。到 2020 年年底,全国司法行政机关登记管理的司法鉴定机构共 3100 多家,鉴定人共 3.8 万余人。

3 月 5 日—14 日 十届全国人大三次会议举行。会议通过《反分裂国家法》,集中将中央关于解决台湾问题的大政方针以法律形式固定下来,明确国家绝不允许"台独"分裂势力以任何名义、任何方式把台湾从中国分裂出去。对台政策由此进入"以法遏独、以法促统"的新阶段。

会议决定接受江泽民辞去国家中央军委主席职务的请求,选举胡锦涛为国家中央军委主席。

4 月 27 日 十届全国人大常委会第十五次会议通过《中华人民共和国公务员法》。该法先后于 2017 年、2018 年修改。

同日 全国政法系统电视电话会议召开,就在全国政法机关集中开展"规范执法行为,促进执法公正"专项整改活动作出部署。

5月26日 中共中央转发《中共全国人大常委会党组关于进一步发挥全国人大代表作用,加强全国人大常委会制度建设的若干意见》。6月,全国人大常委会办公厅印发《关于加强和规范全国人大代表活动的若干意见》等5个相关文件,从工作层面上加强、规范为全国人大及其常委会提供服务和保障的各项工作。

6月23日 国务院、中央军委公布《中国人民解放军文职人员条例》,决定在全军实行文职人员制度。该条例于2017年修改。

7月9日 国务院办公厅印发《关于推行行政执法责任制的若干意见》。

8月23日 国务院公布《直销管理条例》。2005年,国务院还公布了《禁止传销条例》《信访条例》《麻醉药品和精神药品管理条例》《重大动物疫情应急条例》等行政法规。

8月28日 十届全国人大常委会第十七次会议通过《中华人民共和国公证法》和《中华人民共和国治安管理处罚法》。《公证法》先后于2015年、2017年修改。《治安管理处罚法》于2012年修改。

12月20日 十六届中央政治局就行政管理体制改革和完善经济法律制度进行第二十七次集体学习。胡锦涛在主持学习时强调,要加强行政法制建设和经济法制建设,加快建立权责明确、行为规范的行政执法体制,保证各级行政管理机关及其工作人员严格按照法定权限和程序行使职权、履行职责。要研究完善政府机构设置,实现机构职能、编制、工作程序的法定化,提高行政效率,降低行政成本。

12 月 29 日 十届全国人大常委会第十九次会议决定,自 2006 年 1 月 1 日起废止《中华人民共和国农业税条例》。自此,国家不再针对农业单独征税,在中国延续两千多年的农业税正式成为历史。

2006 年

3 月 3 日　胡锦涛在参加十届全国人大四次会议、全国政协十届四次会议的党员负责同志会议上讲话指出,社会主义法治必须以社会主义法治理念为指导。坚持社会主义法治理念,就是要坚持依法治国、执法为民、公平正义、服务大局、党的领导。

4 月 1 日　国务院公布《血吸虫病防治条例》。2006 年,国务院还公布了《艾滋病防治条例》《烟花爆竹安全管理条例》《娱乐场所管理条例》《机动车交通事故责任强制保险条例》《信息网络传播权保护条例》等行政法规。

4 月 29 日　十届全国人大常委会第二十一次会议通过《中华人民共和国农产品质量安全法》和《中华人民共和国护照法》。《农产品质量安全法》于 2018 年修改。

6 月 10 日　中共中央办公厅印发《党政领导干部职务任期暂行规定》和《党政领导干部任职回避暂行规定》,对干部职务任期、任职回避等工作逐步进行规范完善。

6 月 29 日　十六届中央政治局以坚持科学执政、民主执政、依法执政为题进行第三十二次集体学习。胡锦涛在主持学习时强调,坚持科学执政、民主执政、依法执政,是新的历史条件下加强党的执政能力建设和先进性建设的重要内容。依法执政,就是坚持依法治国、建设社会主义法治国家,领导立法,带头守法,保证执法,不断推进国家经济、政治、文化、社会生活法制化、规范化,以法治的理念、法治的体制、法治的程序保证党领导人民有效治理国家。

7月14日 "百名法学家百场报告会"活动启动。该活动由中央组织部、中央宣传部、中央政法委员会、司法部、中国法学会等部门联合举办。到2021年,该活动已开展了16年。

8月27日 十届全国人大常委会第二十三次会议通过《中华人民共和国各级人民代表大会常务委员会监督法》。

9月4日 中共中央办公厅、国务院办公厅印发《关于预防和化解行政争议健全行政争议解决机制的意见》,强调从立法、行政、司法等多方面采取措施,有效预防和化解行政争议。

10月8日—11日 中共十六届六中全会召开。全会通过《关于构建社会主义和谐社会若干重大问题的决定》。指出,社会和谐是中国特色社会主义的本质属性,强调要按照民主法治、公平正义、诚信友爱、充满活力、安定有序、人与自然和谐相处的总要求,构建社会主义和谐社会,推动社会建设与经济建设、政治建设、文化建设协调发展,并将"社会主义民主法制更加完善,依法治国基本方略得到全面落实,人民的权益得到切实尊重和保障"作为到2020年构建社会主义和谐社会的目标和主要任务之一。

10月22日—25日 国际反贪局联合会第一次年会暨会员代表大会在北京召开。胡锦涛出席并讲话。最高人民检察院检察长贾春旺当选为第一届国际反贪局联合会主席。这是第一个由中国作为主要发起国和第一个由中国人担任主席的国际司法组织。

10 月 31 日 十届全国人大常委会第二十四次会议通过《关于修改〈中华人民共和国人民法院组织法〉的决定》，规定自 2007 年 1 月 1 日起，死刑除依法由最高人民法院判决的以外，应当报请最高人民法院核准。

12 月 2 日—3 日 国务院召开首次全国行政复议工作座谈会，强调发挥行政复议依法及时化解行政争议、促进法治政府建设、构建和谐社会的重要作用。

2007 年

3 月 16 日 十届全国人大五次会议通过《中华人民共和国物权法》,对物权制度的共性问题和现实生活中迫切需要规范的问题作出规定,完善中国特色社会主义物权制度。

3 月 23 日 十六届中央政治局以关于制定和实施物权法的若干问题为题进行第四十次集体学习。胡锦涛在主持学习时强调,实施物权法,最根本的是要从我国社会主义初级阶段的国情和实际出发,全面准确地把握并坚持和完善国家基本经济制度,重点针对现实生活中迫切需要规范的问题统筹协调各种利益关系,切实维护好最广大人民的根本利益,促进社会和谐。

4 月 5 日 国务院公布《中华人民共和国政府信息公开条例》。2007 年,国务院还公布了《职工带薪年休假条例》《地方各级人民政府机构设置和编制管理条例》《行政机关公务员处分条例》《生产安全事故报告和调查处理条例》等行政法规。

6 月 29 日 十届全国人大常委会第二十八次会议通过《中华人民共和国劳动合同法》。该法于 2012 年修改。

7 月 1 日 胡锦涛在庆祝香港回归祖国 10 周年大会暨香港特别行政区第三届政府就职典礼上讲话指出,"一国两制"是完整的概念。"一国"是"两制"的前提,没有"一国"就没有"两制"。"一国"和"两制"不能相互割裂,更不能相互对立。"一国"就是要维护中央依法享有的权力,维护国家主权、统一、安全。"两制"就是要保障香港特别行政区依法享有的高度自治权,支持行政长官和特别行政区政府依法施政。

7月26日 中共中央决定给予陈良宇开除党籍、开除公职处分,将其涉嫌犯罪问题及线索移送司法机关依法处理。2008年4月11日,天津市第二中级人民法院依法对陈良宇受贿、滥用职权案进行一审宣判,决定执行有期徒刑18年,没收个人财产30万元。

8月30日 十届全国人大常委会第二十九次会议通过《中华人民共和国突发事件应对法》,建立统一领导、综合协调、分类管理、分级负责、属地管理为主的应急管理体制,规范突发事件应对活动。

会议还通过《中华人民共和国反垄断法》和《中华人民共和国就业促进法》。《就业促进法》于2015年修改。

10月15日—21日 中国共产党第十七次全国代表大会举行。大会通过的报告《高举中国特色社会主义伟大旗帜,为夺取全面建设小康社会新胜利而奋斗》,全面阐述科学发展观的科学内涵、精神实质和根本要求,明确科学发展观的第一要义是发展,核心是以人为本,基本要求是全面协调可持续,根本方法是统筹兼顾。大会提出,要坚持依法治国基本方略,树立社会主义法治理念,实现国家各项工作法治化,保障公民合法权益;强调依法治国是社会主义民主政治的基本要求,并对全面落实依法治国基本方略,加快建设社会主义法治国家作出系统部署。

大会通过《中国共产党章程(修正案)》,把科学发展观写入党章;将党的基本路线中的奋斗目标表述为把我国建设成为富强民主文明和谐的社会主义现代化国家;把经济建设、政治建设、文化建设、社会建设四位一体的中国特色社会主义事业总体布局写入党章;增写了党的中央和省(自治区、直辖市)委员会实行巡视制度;增加了党的干部要树立正确政绩观、推进党务公开、发展党内民主、加强和改进流动党员管理等方面的新规定;同时把党在建设中国特色社会主义实践中取得的一系列重大认识和成果写入党章。

随后于 10 月 22 日召开的中共十七届一中全会选举胡锦涛为中央委员会总书记,决定胡锦涛为中央军委主席,批准贺国强为中央纪委书记。

10 月 28 日 十届全国人大常委会第三十次会议通过《中华人民共和国城乡规划法》。该法先后于 2015 年、2019 年修改。

11 月 27 日 十七届中央政治局以完善中国特色社会主义法律体系和全面落实依法治国基本方略为题进行第一次集体学习。胡锦涛在主持学习时强调,必须增强科学执政、民主执政、依法执政的自觉性和坚定性,不断完善中国特色社会主义法律体系,不断推进国家各项工作法治化。

同日 世贸组织争端解决机构一致决定,任命我国提名的张月姣担任世贸组织上诉机构成员,任期 4 年。这是中国人首次出任上诉机构"大法官"。2012 年 5 月 24 日,张月姣连任成功。在任内,张月姣曾被全体上诉机构成员选举出任上诉机构主席。

12月25日 胡锦涛在同全国政法工作会议代表和全国大法官、大检察官座谈时强调,必须从中国特色社会主义事业发展全局的高度,进一步提高对做好政法工作重要性和紧迫性的认识,准确认识和把握政法工作的性质和职责,通过扎扎实实努力,不断开创政法工作新局面。

12月29日 十届全国人大常委会第三十一次会议通过《中华人民共和国禁毒法》和《中华人民共和国劳动争议调解仲裁法》。

2008 年

1 月 15 日 胡锦涛在十七届中央纪委二次全会上讲话指出,要着力加强以完善惩治和预防腐败体系为重点的反腐倡廉建设。

2 月 28 日 国务院新闻办公室发表《中国的法治建设》白皮书。这是中国政府首次发表法治建设白皮书,全面介绍了新中国成立近 60 年来特别是改革开放 30 年来,中国法治建设取得的巨大成就。

3 月 5 日—18 日 十一届全国人大一次会议举行。会议批准《国务院机构改革方案》,探索实行职能有机统一的大部门体制。会议选举胡锦涛为国家主席、国家中央军委主席,吴邦国为全国人大常委会委员长,习近平为国家副主席,决定温家宝为国务院总理;选举王胜俊为最高人民法院院长,曹建明为最高人民检察院检察长。

3 月 14 日 拉萨市区发生打砸抢烧严重暴力犯罪事件。党和政府果断采取措施,依法妥善进行处置,控制了事态发展,恢复了正常社会秩序。

4 月 15 日 十一届全国人大常委会第二次委员长会议提出,凡是常委会审议的法律草案,原则上都在中国人大网上公布,重要法律草案还要在全国主要新闻媒体上公布,广泛征求意见,使法律草案公布工作常态化。

5月12日 国务院印发《关于加强市县政府依法行政的决定》。

6月4日 司法部印发《台湾居民参加国家司法考试若干规定》,决定自2008年起台湾居民可报名参加国家司法考试。到2021年6月,共有近7000名台湾居民报名参加国家司法考试、国家统一法律职业资格考试。

6月8日 为保证汶川地震灾后恢复重建顺利进行,国务院公布《汶川地震灾后恢复重建条例》。

6月 海峡两岸关系协会与台湾海峡交流基金会在"九二共识"基础上恢复了中断近9年的协商。此后8年间双方先后签署23项协议,促进了两岸交流合作的制度化和规范化,增进了两岸同胞福祉,推动了两岸关系和平发展进程。

7月21日 中国和俄罗斯两国政府签署《关于中俄国界线东段的补充叙述议定书》及其附件。至此,中俄长达4300多公里的边界全线勘定。

9月13日 国务院启动国家重大食品安全事故Ⅰ级响应,严肃处理三鹿牌婴幼儿奶粉事件。2010年2月6日,国务院设立食品安全委员会。2012年6月23日,国务院印发《关于加强食品安全工作的决定》。

10月9日 国务院公布《乳品质量安全监督管理条例》。2008年,国务院还公布了《土地调查条例》《历史文化名城名镇名村保护条例》《对外承包工程管理条例》《证券公司监督管理条例》《证券公司风险处置条例》等行政法规。

10月28日 十一届全国人大常委会第五次会议通过

《中华人民共和国企业国有资产法》。

12月5日 中共中央转发《中央政法委员会关于深化司法体制和工作机制改革若干问题的意见》,围绕优化司法职权配置、落实宽严相济刑事政策、加强政法队伍建设、加强政法经费保障4个方面,提出了60项改革任务。从2008年开始,我国启动了新一轮司法改革,司法改革进入重点深化、系统推进的阶段。

2009 年

2 月 25 日　澳门特别行政区立法会以绝对多数票赞成,细则性通过特区政府提交的《维护国家安全法》法案。该法案共有 15 条,规定了叛国、分裂国家等 7 种危害国家安全的犯罪行为及其相应的处罚。

2 月 28 日　十一届全国人大常委会第七次会议通过《中华人民共和国食品安全法》。该法先后于 2015 年、2018 年、2021 年修改。

3 月 11 日　胡锦涛在出席十一届全国人大二次会议解放军代表团全体会议时讲话强调,要切实把依法治军、从严治军贯彻到军队建设的各个领域和全部实践,狠抓条令条例和规章制度贯彻落实,在抓基层、打基础上下更大功夫。

4 月 16 日　外交部向国际法院提交书面意见,就"科索沃临时自治机构单方面宣布独立是否符合国际法"咨询意见案有关重大国际法问题表明中方的原则立场,为法院发表咨询意见提供重要参考。这是新中国首次参加国际法院司法活动。

6 月 25 日　《海峡两岸共同打击犯罪及司法互助协议》生效。海峡两岸在共同打击犯罪和文书送达、调查取证、罪赃移交、裁判认可、罪犯移管(接返)、人道探视等方面开展司法互助以及其他合作。

7月5日 乌鲁木齐市发生打砸抢烧严重暴力犯罪事件。党和政府果断采取措施,依法妥善进行处置,控制了事态发展,维护了社会稳定。

7月8日 中央编办发出《关于铁路公检法管理体制改革和核定政法专项编制的通知》,将铁路公安机关和铁路运输法院、检察院与铁路运输企业全部分离,一次性整体纳入国家司法管理体系。

7月20日 国务院公布《中华人民共和国食品安全法实施条例》。2009年,国务院还公布了《全民健身条例》《旅行社条例》《民用机场管理条例》《彩票管理条例》《基础测绘条例》《防治船舶污染海洋环境管理条例》等行政法规。

8月27日 十一届全国人大常委会第十次会议通过《中华人民共和国人民武装警察法》。该法于2020年修改。

11月13日 最高人民检察院印发《人民检察院检察建议工作规定(试行)》,标志着检察建议制度的规范化、体系化。2019年2月26日,最高人民检察院印发《人民检察院检察建议工作规定》。

12月26日 十一届全国人大常委会第十二次会议通过《中华人民共和国侵权责任法》和《中华人民共和国海岛保护法》。

2010 年

2 月 26 日　十一届全国人大常委会第十三次会议通过《中华人民共和国国防动员法》。

3 月 14 日　十一届全国人大三次会议通过《关于修改〈中华人民共和国全国人民代表大会和地方各级人民代表大会选举法〉的决定》，明确城乡按相同人口比例选举人大代表。2011 年上半年到 2012 年年底，全国完成选举法修改后的县乡两级人大换届选举，首次实现了新中国历史上城乡"同票同权"，人人平等、地区平等、民族平等原则得到更好体现。

5 月 24 日　国务院公布《全国人口普查条例》。2010 年，国务院还公布了《气象灾害防御条例》《自然灾害救助条例》《古生物化石保护条例》《城镇燃气管理条例》《中华人民共和国海关事务担保条例》等行政法规。

6 月 24 日　十一届全国人大常委会第十五次会议结合审议 2009 年中央决算报告，首次开展专题询问。

7 月 30 日　最高人民检察院印发《关于案例指导工作的规定》，确立中国特色的检察案例指导制度。11 月 26 日，最高人民法院印发《关于案例指导工作的规定》，确立中国特色的审判案例指导制度。

8 月 27 日 全国依法行政工作会议召开。会议指出,依法行政是现代政治文明的重要标志。贯彻依法治国基本方略,推进依法行政,建设法治政府,是我们党治国理政从理念到方式的革命性变化。10 月 10 日,国务院印发《关于加强法治政府建设的意见》。

8 月 28 日 十一届全国人大常委会第十六次会议通过《中华人民共和国人民调解法》。

10 月 12 日 中共中央办公厅、国务院办公厅印发《党政主要领导干部和国有企业领导人员经济责任审计规定》。2019 年 7 月 7 日,中共中央办公厅、国务院办公厅印发修订后的《党政主要领导干部和国有企事业单位主要领导人员经济责任审计规定》。

10 月 19 日 国务院常务会议决定,在全国集中开展打击侵犯知识产权和制售假冒伪劣商品专项行动。2011 年 11 月 13 日,国务院印发《关于进一步做好打击侵犯知识产权和制售假冒伪劣商品工作的意见》。

10 月 28 日 十一届全国人大常委会第十七次会议决定习近平为国家中央军委副主席。

会议还通过《中华人民共和国社会保险法》。该法于 2018 年修改。

12 月 27 日 最高人民法院公布《关于审理涉台民商事案件法律适用问题的规定》,规定人民法院在审理涉台民商事案件时,可以根据选择适用法律的规则,适用台湾地区民事法律。这是国家司法机关首次正式认可台湾地区民事法律的效力。

2011 年

2月22日—3月5日 因利比亚国内形势发生重大变化,中国政府分批组织船舶、飞机,安全有序撤离中国在利比亚人员(包括港澳台同胞)35860人。这是新中国成立以来最大规模的有组织撤离海外中国公民行动,有效维护了中国公民在海外的人身安全和合法权益。

2月25日 十一届全国人大常委会第十九次会议通过《中华人民共和国非物质文化遗产法》和《中华人民共和国车船税法》。《车船税法》于2019年修改。

会议还通过《中华人民共和国刑法修正案(八)》,其中将拒不支付劳动报酬、醉酒驾车、飙车行为规定为犯罪,取消了13个经济性非暴力犯罪的死刑,并规定对判处管制、缓刑以及假释的罪犯依法实行社区矫正。

3月10日 最高人民法院、最高人民检察院印发《关于对民事审判活动和行政诉讼实行法律监督的若干意见(试行)》、发出《关于在部分地方开展民事执行活动法律监督试点工作的通知》,标志着检察机关开始对审判机关的民事执行活动进行法律监督。

3月14日 十一届全国人大四次会议批准的全国人大

常委会工作报告宣布:以宪法为统帅,以宪法相关法、民法商法等多个法律部门的法律为主干,由法律、行政法规、地方性法规等多个层次的法律规范构成的中国特色社会主义法律体系已经形成。10月27日,国务院新闻办公室发表《中国特色社会主义法律体系》白皮书。

3月28日 十七届中央政治局以推进依法行政和弘扬社会主义法治精神为题进行第二十七次集体学习。胡锦涛在主持学习时强调,全面推进依法行政、弘扬社会主义法治精神,是坚持立党为公、执政为民的必然要求,是推动科学发展、促进社会和谐的必然要求。我们必须增强全面推进依法行政、弘扬社会主义法治精神的自觉性和主动性,加快建设社会主义法治国家。

6月26日 国务院公布《戒毒条例》。2011年,国务院还公布了《国家赔偿费用管理条例》《国有土地上房屋征收与补偿条例》《土地复垦条例》《个体工商户条例》《太湖流域管理条例》等行政法规。

6月30日 十一届全国人大常委会第二十一次会议通过《中华人民共和国行政强制法》。

7月5日 中共中央、国务院印发《关于加强和创新社会管理的意见》。

9月18日—19日 首届海峡两岸暨香港澳门司法高层论坛在南京举办。到2021年6月,海峡两岸暨香港澳门司法高层论坛共举办5届。

12月23日 教育部、中央政法委员会印发《关于实施卓越法律人才教育培养计划的若干意见》。2018年9月17日,教育部、中央政法委员会印发《关于坚持德法兼修实施卓越法治人才教育培养计划 2.0 的意见》。到 2021 年 6 月，我国开设法学本科专业的高校共 632 所。

2012 年（1 月—11 月）

2 月 27 日　最高人民法院印发《关于人民法院落实廉政准则防止利益冲突的若干规定》。

2 月 29 日　十一届全国人大常委会第二十五次会议通过《关于澳门特别行政区 2013 年立法会产生办法和 2014 年行政长官产生办法有关问题的决定》。

3 月 3 日、9 月 10 日、9 月 15 日、9 月 20 日、9 月 25 日中国先后公布钓鱼岛及其附属岛屿标准名称、领海基线，钓鱼岛及其部分附属岛屿地理坐标，钓鱼岛等岛屿及其周边海域部分地理实体的标准名称及位置示意图，《钓鱼岛是中国的固有领土》白皮书，并从 9 月开始通过常态化执法巡航等措施，对钓鱼岛及其附近海域实施管理，坚决捍卫国家主权。

4 月 5 日　国务院公布《校车安全管理条例》。2012 年，国务院还公布了《拘留所条例》《女职工劳动保护特别规定》《无障碍环境建设条例》《缺陷汽车产品召回管理条例》《农业保险条例》《对外劳务合作管理条例》等行政法规。

5 月 13 日　中日韩三方在北京签署《中华人民共和国政府、日本国政府及大韩民国政府关于促进、便利和保护投资的协定》。2014 年 5 月 17 日，该协定生效。该协定是中日韩之间第一个促进和保护三国间投资行为的法律文件和制度安排，为三国投资者提供更为稳定和透明的投资环境,对推动三国经贸关系发展具有积极作用。

5月18日 厦门市中级人民法院对赖昌星走私普通货物、行贿犯罪案进行宣判,决定执行无期徒刑,剥夺政治权利终身,并处没收个人全部财产。此前,1999年,被称作新中国成立以来第一经济大案的厦门远华特大走私案案发,走私货物总值530亿元,偷逃税额共计300亿元,近300人被追究刑事责任,其中省部级干部3人、厅级干部8人。该案首要犯罪嫌疑人赖昌星案发后潜逃加拿大,2011年7月23日被遣返回国。

6月4日 中共中央办公厅发布《中国共产党党内法规和规范性文件备案规定》。2019年9月3日,中共中央发布修订并更名后的《中国共产党党内法规和规范性文件备案审查规定》。

6月30日 十一届全国人大常委会第二十七次会议通过《中华人民共和国出境入境管理法》。

7月24日 海南省三沙市成立大会暨揭牌仪式举行。三沙市管辖西沙群岛、中沙群岛、南沙群岛的岛礁及其海域。三沙市人民政府驻西沙永兴岛。

9月28日 中共中央决定给予薄熙来开除党籍、开除公职处分,将其涉嫌犯罪问题及线索移送司法机关依法处理。2013年9月22日,济南市中级人民法院对薄熙来受贿、贪污、滥用职权案进行一审宣判,决定执行无期徒刑,剥夺政治权利终身,并处没收个人全部财产。

10月9日 国务院新闻办公室发表《中国的司法改革》

白皮书。

10 月 26 日　十一届全国人大常委会第二十九次会议通过《中华人民共和国精神卫生法》。该法于 2018 年修改。

11 月 6 日　昆明市中级人民法院依法对糯康等被告人故意杀人、运输毒品、绑架、劫持船只案进行一审公开宣判,其中糯康被判处死刑。二审维持原判。对湄公河中国船员遇害案的处置,是中国、老挝、泰国等国国际司法合作的成功范例。

中国特色社会主义新时代

　　这一时期,我们党在团结带领人民自信自强、守正创新,统揽伟大斗争、伟大工程、伟大事业、伟大梦想,创造新时代中国特色社会主义伟大成就的历史进程中,从坚持和发展中国特色社会主义全局和战略高度定位法治、布局法治、厉行法治,把全面依法治国纳入"四个全面"战略布局谋划推进,坚持中国特色社会主义法治道路,形成习近平法治思想,确立建设中国特色社会主义法治体系、建设社会主义法治国家的全面依法治国总目标,组建中央全面依法治国委员会,完善党领导立法、保证执法、支持司法、带头守法制度,坚持依法治国、依法执政、依法行政共同推进,坚持法治国家、法治政府、法治社会一体建设,全面深化法治领域改革,统筹推进法律规范体系、法治实施体系、法治监督体系、法治保障体系和党内法规体系建设,中国特色社会主义法治体系不断健全,法治中国建设迈出坚实步伐,法治固根本、稳预期、利长远的保障作用进一步发挥,党运用法治方式领导和治理国家的能力显著增强,全面依法治国总体格局基本形成,为推动党和国家事业取得历史性成就、发生历史性变革作出重要贡献。

2012 年（11 月—12 月）

11 月 8 日—14 日　中国共产党第十八次全国代表大会举行。大会通过的报告《坚定不移沿着中国特色社会主义道路前进，为全面建成小康社会而奋斗》，确定全面建成小康社会和全面深化改革开放的目标，阐明中国特色社会主义道路、中国特色社会主义理论体系、中国特色社会主义制度的科学内涵及其相互联系。大会把依法治国基本方略全面落实、司法公信力不断提高、人权得到切实尊重和保障等确立为全面建成小康社会宏伟目标的重要内容，强调法治是治国理政的基本方式，并对全面依法治国作出部署。

大会通过《中国共产党章程（修正案）》，把科学发展观同马克思列宁主义、毛泽东思想、邓小平理论、"三个代表"重要思想一道确立为党的指导思想；充实了中国特色社会主义主要成就的内容，把确立了中国特色社会主义制度与开辟了中国特色社会主义道路、形成了中国特色社会主义理论体系一道，作为改革开放以来我们取得一切成绩和进步的根本原因；充实了坚持改革开放的内容，强调只有改革开放，才能发展中国、发展社会主义、发展马克思主义；完善了中国特色社会主义事业总体布局的内容，把生态文明建设纳入中国特色社会主义事业总体布局；充实了加强党的建设总体要求的内容，对党员、党的基层组织、党的干部分别提出了一些新要求。

随后于 11 月 15 日召开的中共十八届一中全会选举习近平为中央委员会总书记,决定习近平为中央军委主席,批准王岐山为中央纪委书记。

11 月 29 日　习近平在国家博物馆参观《复兴之路》展览时指出,实现中华民族伟大复兴,就是中华民族近代以来最伟大的梦想。2013 年 3 月 17 日,习近平在十二届全国人大一次会议闭幕会上讲话指出,实现中华民族伟大复兴的中国梦,就是要实现国家富强、民族振兴、人民幸福。我们要坚持党的领导、人民当家作主、依法治国有机统一,坚持人民主体地位,扩大人民民主,推进依法治国,坚持和完善人民代表大会制度的根本政治制度,中国共产党领导的多党合作和政治协商制度、民族区域自治制度以及基层群众自治制度等基本政治制度,建设服务政府、责任政府、法治政府、廉洁政府,充分调动人民积极性。

12 月 4 日　习近平在首都各界纪念现行宪法公布施行 30 周年大会上讲话指出,全面贯彻实施宪法,是建设社会主义法治国家的首要任务和基础性工作。维护宪法权威,就是维护党和人民共同意志的权威。捍卫宪法尊严,就是捍卫党和人民共同意志的尊严。保证宪法实施,就是保证人民根本利益的实现。依法治国,首先是依宪治国;依法执政,关键是依宪执政。宪法的生命在于实施,宪法的权威也在于实施。我们要坚持不懈抓好宪法实施工作,把全面贯彻实施宪法提高到一个新水平。

同日　中央政治局会议通过《十八届中央政治局关于改

进工作作风、密切联系群众的八项规定》。这是党的十八大之后制定的第一部重要党内法规,是改进党的作风建设的切入点和动员令,解决了许多过去被认为不可能解决的问题,党风政风社风发生了全面深刻、影响深远、鼓舞人心的变化。12日,中共中央办公厅、国务院办公厅印发《贯彻落实〈十八届中央政治局关于改进工作作风、密切联系群众的八项规定〉实施细则》。2017 年 10 月 27 日,中央政治局会议通过修订后的《中共中央政治局贯彻落实中央八项规定的实施细则》。

12 月 8 日、10 日 习近平在广州战区考察时,首次提出"依法治军、从严治军是强军之基"的重要论断,强调要不折不扣落实依法治军、从严治军方针,培养部队严守纪律、令行禁止、步调一致的良好作风。

12 月 28 日 十一届全国人大常委会第三十次会议通过《关于加强网络信息保护的决定》。

2013 年

1 月 4 日　最高人民法院发出《关于开展行政案件相对集中管辖试点工作的通知》。2014 年 11 月 1 日，十二届全国人大常委会第十一次会议通过《关于修改〈中华人民共和国行政诉讼法〉的决定》，增加"经最高人民法院批准，高级人民法院可以根据审判工作的实际情况，确定若干人民法院跨行政区域管辖行政案件"的规定。

1 月 7 日　全国政法工作电视电话会议召开。会前，习近平对做好新形势下政法工作作出批示强调，要顺应人民群众对公共安全、司法公正、权益保障的新期待，全力推进平安中国、法治中国、过硬队伍建设，深化司法体制机制改革，坚持从严治警，坚决反对执法不公、司法腐败，进一步提高执法能力，进一步增强人民群众安全感和满意度，进一步提高政法工作亲和力和公信力，努力让人民群众在每一个司法案件中都能感受到公平正义，保证中国特色社会主义事业在和谐稳定的社会环境中顺利推进。

1 月 17 日　习近平在新华社《网民呼吁遏制餐饮环节"舌尖上的浪费"》材料上作出批示，要求厉行节约、反对浪费。11 月 18 日，中共中央、国务院印发《党政机关厉行节约反对浪费条例》。依据条例，党政机关经费管理、国内差旅、因公临时出国(境)、培训、公务接待、公务用车、会议活动、办公用房、基层党建活动、资源节约等方面的党内法规和规范性文件相继出台。

1月21日—22日 十八届中央纪委二次全会召开。习近平讲话强调,要坚持"老虎""苍蝇"一起打,既坚决查处领导干部违纪违法案件,又切实解决发生在群众身边的不正之风和腐败问题;要加强对权力运行的制约和监督,把权力关进制度的笼子里。到2017年10月十八届中央纪委八次全会,习近平五次在中央纪委全会上讲话。

2月23日 十八届中央政治局就全面推进依法治国进行第四次集体学习。习近平在主持学习时强调,要全面推进科学立法、严格执法、公正司法、全民守法,坚持依法治国、依法执政、依法行政共同推进,坚持法治国家、法治政府、法治社会一体建设,不断开创依法治国新局面。各级领导机关和领导干部要提高运用法治思维和法治方式的能力,努力以法治凝聚改革共识、规范发展行为、促进矛盾化解、保障社会和谐。

2月26日—28日 中共十八届二中全会召开。全会通过《国务院机构改革和职能转变方案》。3月14日,十二届全国人大一次会议批准《国务院机构改革和职能转变方案》。

2月27日 十一届全国人大常委会第三十一次会议通过《全国人民代表大会常务委员会代表资格审查委员会关于十二届全国人大代表的代表资格的审查报告》。十二届全国人大代表选举是2010年修改选举法后,首次实行城乡按相同人口比例进行的全国人大代表选举。

3月5日—17日 十二届全国人大一次会议举行。会议选举习近平为国家主席、国家中央军委主席,张德江为全国人大常委会委员长,决定李克强为国务院总理;选举周强为最高人民法院院长,曹建明为最高人民检察院检察长。

3 月 26 日 浙江省高级人民法院对张辉、张高平强奸再审案公开宣判,撤销原一审二审判决,宣告张辉、张高平无罪。此前,张辉、张高平因涉及 2003 年发生的一起强奸致死案,分别被判处死刑缓期 2 年执行和有期徒刑 15 年。

4 月 23 日 十二届全国人大常委会第二次会议审议《全国人民代表大会常务委员会法制工作委员会关于司法解释集中清理工作情况的报告》。此前,根据全国人大常委会 2011 年立法工作部署,最高人民法院、最高人民检察院首次对现行有效司法解释开展全面集中清理工作。根据集中清理的原则和要求,最高人民法院确定废止 715 件、修改 132 件、保留 753 件;最高人民检察院确定废止 102 件、修改 55 件、保留 221 件。

4 月 24 日 为适应职能转变新要求,国务院常务会议决定先行取消和下放 117 项行政审批事项。到 2020 年年底,国务院围绕协同推进"放管服"改革,先后取消和下放国务院部门行政审批事项的比例达 47%,彻底终结非行政许可审批,压减国务院部门行政审批中介服务事项达 71%。工商登记前置审批事项压减 87%。

4 月 25 日 十二届全国人大常委会第二次会议通过《中华人民共和国旅游法》。该法先后于 2016 年、2018 年修改。

5 月 17 日—18 日 中央巡视工作动员暨培训会议召开。十八届中共中央共开展 12 轮巡视,巡视 277 个党组织,在党的历史上首次实现一届任期内巡视全覆盖。到 2021 年 6 月，十九届中共中央已开展 7 轮巡视。

5 月 31 日 深化平安中国建设工作会议在江苏苏州召开。会前，习近平就建设平安中国作出指示强调，要把人民群众对平安中国建设的要求作为努力方向，坚持源头治理、系统治理、综合治理、依法治理，努力解决深层次问题，着力建设平安中国，确保人民安居乐业、社会安定有序、国家长治久安。

6 月 29 日 十二届全国人大常委会第三次会议通过《中华人民共和国特种设备安全法》。

7 月 12 日 国务院公布《中华人民共和国外国人入境出境管理条例》。2013 年，国务院还公布了《征信业管理条例》《长江三峡水利枢纽安全保卫条例》《城镇排水与污水处理条例》《铁路安全管理条例》《畜禽规模养殖污染防治条例》等行政法规。

7 月 29 日 中共中央印发《关于废止和宣布失效一批党内法规和规范性文件的决定》。2014 年 10 月 24 日，中共中央印发《关于再废止和宣布失效一批党内法规和规范性文件的决定》。这两个决定分别对 1978 年至 2012 年 6 月、新中国成立至 1977 年出台的中央党内法规和规范性文件进行集中清理，共全面筛查 2.3 万多件中央文件，梳理出 1178 件中央党内法规和规范性文件，废止 322 件、宣布失效 369 件。这是党的历史上第一次开展中央党内法规和规范性文件的集中清理工作。

8 月 17 日 国务院正式批准设立中国（上海）自由贸易试验区；30 日，十二届全国人大常委会第四次会议通过《关于授权国务院在中国(上海)自由贸易试验区暂时调整有关法律规定的行政审批的决定》。到 2020 年年底,自贸试验区试点由上海逐步扩大到 21 个省(自治区、直辖市)。到 2021 年 6 月,全国人大常委会围绕自由贸易试验区共作出 5 个授权国务院调整适用有关法律规定的决定。

9 月 5 日 习近平在致第一次上海合作组织成员国司法部长会议的贺信中强调,法治是一个国家发展的重要保障。中国愿同上海合作组织其他成员国一道,加强法律和司法行政领域交流合作,积极推进法治建设,维护地区和平稳定,促进各成员国共同发展繁荣。

9 月 25 日 中共中央、国务院印发《关于地方政府职能转变和机构改革的意见》。

9 月 29 日 《中国(上海)自由贸易试验区外商投资准入特别管理措施(负面清单)(2013 年)》发布。这是中国第一次用负面清单管理外商对华投资。2020 年 6 月发布的《自由贸易试验区外商投资准入特别管理措施(负面清单)(2020 年版)》,清单条目已由 2013 年的 190 条减至 30 条。

10 月 9 日 最高人民法院印发《关于建立健全防范刑事冤假错案工作机制的意见》。

10 月 11 日 纪念毛泽东同志批示"枫桥经验"50 周年大会在杭州召开。会前,习近平就坚持和发展"枫桥经验"作出指示强调,各级党委和政府要充分认识"枫桥经验"的重大意义,发扬优良作风,适应时代要求,创新群众工作方法,善于运用法治思维和法治方式解决涉及群众切身利益的矛盾和问题,把"枫桥经验"坚持好、发展好,把党的群众路线坚持好、贯彻好。

10 月 22 日　中共中央发出《关于印发〈科学发展观学习纲要〉的通知》。纲要对"坚定不移地推进依法治国基本方略是国家长治久安的重要保障"作出专门论述。

11 月 5 日　中共中央印发《中央党内法规制定工作五年规划纲要（2013—2017 年）》。这是党的历史上第一次编制中央党内法规制定工作五年规划。2018 年 2 月 9 日,中共中央印发《中央党内法规制定工作第二个五年规划（2018—2022年）》。

11 月 9 日—12 日　中共十八届三中全会召开。全会通过《关于全面深化改革若干重大问题的决定》,开启了全面深化改革、系统整体设计推进改革的新时代,开创了中国改革开放的全新局面。全会指出,全面深化改革的总目标是完善和发展中国特色社会主义制度,推进国家治理体系和治理能力现代化。全会第一次对建设法治中国作出部署安排,围绕维护宪法法律权威、深化行政执法体制改革、确保依法独立公正行使审判权检察权、健全司法权力运行机制、完善人权司法保障制度等提出一系列重要举措。全会强调,建设法治中国,必须坚持依法治国、依法执政、依法行政共同推进,坚持法治国家、法治政府、法治社会一体建设。深化司法体制改革,加快建设公正高效权威的社会主义司法制度,维护人民权益,让人民群众在每一个司法案件中都感受到公平正义。

习近平在全会第二次全体会议上强调,凡属重大改革要于法有据,需要修改法律的可以先修改法律,先立后破,有序进行。有的重要改革举措,需要得到法律授权的,要按法律程序进行。

11 月 27 日 最高人民法院在深圳召开全国法院司法公开工作推进会。28 日,发布《关于推进司法公开三大平台建设的若干意见》和《关于人民法院在互联网公布裁判文书的规定》,全面推进审判流程公开、裁判文书公开、执行信息公开三大平台建设。

12 月 11 日 中共中央办公厅印发《关于培育和践行社会主义核心价值观的意见》。指出,富强、民主、文明、和谐,自由、平等、公正、法治,爱国、敬业、诚信、友善是社会主义核心价值观的基本内容。2016 年 12 月 11 日,中共中央办公厅、国务院办公厅印发《关于进一步把社会主义核心价值观融入法治建设的指导意见》,运用法律法规和公共政策向社会传导正确价值取向。2018 年 5 月,中共中央印发《社会主义核心价值观融入法治建设立法修法规划》。

12 月 20 日 中共中央印发《建立健全惩治和预防腐败体系 2013—2017 年工作规划》。此前,2008 年 5 月 13 日,中共中央印发《建立健全惩治和预防腐败体系 2008—2012 年工作规划》。

12 月 28 日 十二届全国人大常委会第六次会议通过《关于废止有关劳动教养法律规定的决定》,正式废除劳动教养制度。此前,1957 年 8 月 3 日,经全国人大常委会批准,国务院公布《关于劳动教养问题的决定》;1979 年 11 月 29 日,经全国人大常委会批准,国务院公布《关于劳动教养的补充规定》。

2014 年

1 月 7 日—8 日　中央政法工作会议召开。习近平讲话强调,政法战线要旗帜鲜明坚持党的领导。坚持党的领导,就是要支持人民当家作主,实施好依法治国这个党领导人民治理国家的基本方略。要正确处理党的政策和国家法律的关系。要正确处理坚持党的领导和确保司法机关依法独立公正行使职权的关系。要把维护社会大局稳定作为基本任务,把促进社会公平正义作为核心价值追求,把保障人民安居乐业作为根本目标,坚持严格执法公正司法,积极深化改革,加强和改进政法工作,维护人民群众切身利益,为实现"两个一百年"奋斗目标、实现中华民族伟大复兴的中国梦提供有力保障。

1 月 17 日　中央政法委员会、财政部、最高人民法院、最高人民检察院、公安部、司法部印发《关于建立完善国家司法救助制度的意见(试行)》。

2 月 16 日　国务院公布《南水北调工程供用水管理条例》。2014 年,国务院还公布了《社会救助暂行办法》《事业单位人事管理条例》《企业信息公示暂行条例》《不动产登记暂行条例》《中华人民共和国保守国家秘密法实施条例》等行政法规。

2 月 17 日　习近平在省部级主要领导干部学习贯彻十八届三中全会精神全面深化改革专题研讨班开班式上讲话强调,必须适应国家现代化总进程,提高党科学执政、民主执政、依法执政水平,提高国家机构履职能力,提高人民群众依法管理国家事务、经济社会文化事务、自身事务的能力,实现党、国家、社会各项事务治理制度化、规范化、程序化,不断提高运用中国特色社会主义制度有效治理国家的能力。

2 月 27 日　十二届全国人大常委会第七次会议通过《关于确定中国人民抗日战争胜利纪念日的决定》,将 9 月 3 日确定为中国人民抗日战争胜利纪念日;通过《关于设立南京大屠杀死难者国家公祭日的决定》,将 12 月 13 日设立为南京大屠杀死难者国家公祭日。

2 月 28 日　习近平在中央全面深化改革领导小组第二次会议上讲话强调,在整个改革过程中,都要高度重视运用法治思维和法治方式,发挥法治的引领和推动作用,加强对相关立法工作的协调,确保在法治轨道上推进改革。

3 月 17 日　国务院审改办在中国机构编制网公开国务院各部门行政审批事项汇总清单。汇总清单涵盖了 60 个有行政审批事项的国务院部门。

3 月 19 日　中共中央办公厅、国务院办公厅印发《关于深化司法体制和社会体制改革的意见》。指出,改革的重点是完善司法人员分类管理制度、完善司法责任制、健全司法人员职业保障、推动省以下地方法院检察院人财物统一管理等。

3 月　中共中央办公厅、国务院办公厅发布《关于依法处理涉法涉诉信访问题的意见》。7 月 24 日,中央政法委员会印发《关于建立涉法涉诉信访事项导入法律程序工作机制的意见》《关于建立涉法涉诉信访执法错误纠正和瑕疵补正机制的指导意见》《关于健全涉法涉诉信访依法终结制度的意见》。这几个意见的实施,标志着依法解决涉法涉诉信访问题新机制初步形成。

4月9日 习近平在视察中国人民武装警察部队特种警察学院并为"猎鹰突击队"授旗时强调,武警部队作为国家反恐维稳的重要力量,要认真贯彻党中央决策部署,坚决有力打击各种暴力恐怖犯罪活动,维护国家安全和社会稳定,保障人民安居乐业。

4月10日 中央军委印发《关于贯彻落实军委主席负责制建立和完善相关工作机制的意见》。2017年11月2日,中央军委印发《关于全面深入贯彻军委主席负责制的意见》。

4月15日 习近平在中央国家安全委员会第一次会议上讲话指出,必须坚持总体国家安全观,以人民安全为宗旨,以政治安全为根本,以经济安全为基础,以军事、文化、社会安全为保障,以促进国际安全为依托,走出一条中国特色国家安全道路。

4月22日 最高人民法院、最高人民检察院、公安部、司法部、国家卫生和计划生育委员会印发《关于依法惩处涉医违法犯罪维护正常医疗秩序的意见》。

4月23日 上海海事法院收到日本商船三井株式会社提交的40亿日元执行款后,依法解除对其货轮的扣押,标志着"中威"执行案顺利执结。该案因在二战期间日本商船三井株式会社租用中威轮船公司船舶欠付租金且不归还船舶而引起。中威轮船公司其后数十年间通过外交、非诉协商等途径都没能解决这一纠纷,遂于1988年起诉至上海海事法院,要求支付租金并赔偿损失。经一审、二审和最高人民法院再审审查后,商船三井株式会社仍拒绝履行生效法律文书确定的义务,上海海事法院依法采取了强制执行程序。该案顺利执结,彰显了中国司法权威,在国际航运界、海事司法界赢得正面评价,树立了我国良好的法治形象。

4月24日 十二届全国人大常委会第八次会议通过修订后的《中华人民共和国环境保护法》。该法因在打击环境违法犯罪方面力度空前,被称为"史上最严"环境保护法。此后,我国还制定、修改了海洋环境保护法、大气污染防治法、水污染防治法、土壤污染防治法、环境影响评价法、深海海底区域资源勘探开发法、固体废物污染环境防治法、野生动物保护法和核安全法等法律。

5月22日 乌鲁木齐市沙依巴克区公园北街一早市发生严重暴力恐怖案件,造成重大人员伤亡。习近平作出批示,要求迅速侦破案件,从严惩处暴恐分子;及时组织救治受伤群众,安抚受害者家属,全面加强社会面巡控和重点部位防控,严防发生连锁反应;对暴恐活动和恐怖分子必须警钟长鸣、重拳出击、持续保持严打高压态势,全力维护社会稳定。

5月23日 湖北省咸宁市中级人民法院对刘汉、刘维等36人组织、领导、参加黑社会性质组织罪、故意杀人罪等案件一审公开宣判,判决被告人刘汉、刘维死刑,剥夺政治权利终身,并处没收个人全部财产。二审维持原判。该案是党的十八大以来依法查处的性质特别恶劣、危害特别严重的刑事案件。

5月28日 习近平在第二次中央新疆工作座谈会上讲话强调,要围绕社会稳定和长治久安这个总目标,坚持依法治疆、团结稳疆、长期建疆,努力建设团结和谐、繁荣富裕、文明进步、安居乐业的社会主义新疆。

5月30日 国务院常务会议决定对已出台政策措施落实情况开展第一次全面督查。此后,国务院每年开展大督查。2019年4月,国务院"互联网+督查"平台正式上线运行。2020年12月,国务院公布《政府督查工作条例》。

6月11日 最高人民法院对新加坡中华环保科技技术集团有限公司与大拇指环保科技集团(福建)有限公司股东出资纠纷上诉案开庭审理并当庭宣判。该案是最高人民法院首次邀请外国使节和外媒旁听庭审,也是首例当庭宣判的涉外案件。

6月16日 乌鲁木齐市中级人民法院对北京"10·28"暴力恐怖袭击案件一审公开宣判,分别以组织、领导恐怖组织罪,以危险方法危害公共安全罪等,判处玉山江·吾许尔等被告人死刑、无期徒刑和有期徒刑。自2011年起,玉山江·吾许尔等人以实施暴力恐怖活动为目的,逐渐形成了恐怖组织。2013年10月28日,该组织的3名成员驾驶越野车,连续冲撞天安门广场前的行人,造成无辜群众3人死亡,39人受伤。

6月25日 中共中央、国务院印发《关于加强禁毒工作的意见》。9月29日,全国禁毒工作会议决定,从2014年10月至2015年3月,在公安部确定的108个重点城市开展为期半年的百城禁毒会战。会战期间,全国共破获毒品犯罪案件11.5万余起,缴获毒品43.3吨。

6月26日 习近平在中央政治局常委会会议听取巡视情况汇报时讲话指出,巡视作为党内监督的战略性制度安排,不是权宜之计,要用好巡视这把反腐"利剑"。

6月27日 十二届全国人大常委会第九次会议通过《关于授权最高人民法院、最高人民检察院在部分地区开展刑事案件速裁程序试点工作的决定》,授权在 18 个地区开展刑事案件速裁程序试点工作。2016 年 9 月 3 日,十二届全国人大常委会第二十二次会议通过《关于授权最高人民法院、最高人民检察院在部分地区开展刑事案件认罪认罚从宽制度试点工作的决定》,授权在上述 18 个地区开展刑事案件认罪认罚从宽制度试点工作,同时刑事案件速裁程序试点工作按照新的试点办法继续进行。2018 年 10 月 26 日,十三届全国人大常委会第六次会议通过《关于修改〈中华人民共和国刑事诉讼法〉的决定》,在刑事诉讼法中完善刑事案件认罪认罚从宽制度和增加速裁程序。

同日 中央决定设立中央反腐败协调小组国际追逃追赃工作办公室。2015 年 3 月 26 日,办公室首次启动针对外逃腐败分子的"天网"行动;4 月 22 日,国际刑警组织中国国家中心局集中公布对 100 名涉嫌犯罪外逃国家工作人员、重要腐败案件涉案人等人员的红色通缉令。2014 年至 2021 年 6 月,我国共从 120 个国家和地区追回外逃人员 9165 人,包括党和国家工作人员 2408 人、"百名红通人员"60 人,追回赃款 217.39 亿元。

6月30日 中共中央决定给予徐才厚开除党籍处分,将其涉嫌犯罪问题及线索移送最高人民检察院授权军事检察机关依法处理。2015 年 3 月 15 日,由于徐才厚病亡,军事检察院对徐才厚作出不起诉决定,对其涉嫌受贿犯罪所得依法处理。

7 月 7 日 世界贸易组织公布中国诉美国关税法修订案世贸争端案上诉机构报告,裁定中国诉美国"双反"案大部分胜诉。上诉机构认为美国商务部在 2006 年至 2012 年对华发起的 25 起反倾销反补贴调查中未能进行避免双重救济的税额调整,违反世贸规则。

7 月 24 日 国务院印发《关于进一步推进户籍制度改革的意见》,提出建立城乡统一的户口登记制度,取消农业户口和非农业户口性质区分,以及由此衍生的蓝印户口等户口类型,统一登记为居民户口。

8 月 3 日 江苏省泰州市环保联合会向泰州市中级人民法院提起环保公益诉讼,要求严重污染环境的泰州市常隆、锦汇等 6 家化工企业赔偿环境修复费用。泰州市中级人民法院一审公开审理了此案,并判决 6 家化工企业赔偿环境修复费用合计 1.6 亿余元,支付鉴定评估费用 10 万元。这是我国首例由环保组织提起的环保公益诉讼案。

8 月 31 日 十二届全国人大常委会第十次会议通过《关于设立烈士纪念日的决定》,将 9 月 30 日设立为烈士纪念日;会议还通过《关于香港特别行政区行政长官普选问题和 2016 年立法会产生办法的决定》等。

9 月 5 日 庆祝全国人民代表大会成立 60 周年大会召开。习近平讲话指出,人民代表大会制度是中国特色社会主义制度的重要组成部分,也是支撑中国国家治理体系和治理能力的根本政治制度。发展人民民主必须坚持依法治国、维护宪法法律权威,使民主制度化、法律化,使这种制度和法律不因领导人的改变而改变,不因领导人的看法和注意力的改变而改变。

9月7日 国务院、中央军委印发《关于进一步加强军人军属法律援助工作的意见》。2016年9月14日,司法部、中央军委政法委员会印发《军人军属法律援助工作实施办法》。

9月12日 昆明市中级人民法院对"3·01"昆明火车站严重暴力恐怖案件进行一审公开开庭审理并当庭宣判,分别以组织、领导恐怖组织罪、故意杀人罪,数罪并罚,判处被告人依斯坎达尔·艾海提等4人死刑、无期徒刑。二审维持原判。这是一起由新疆分裂势力一手策划组织的严重暴力恐怖事件。

9月24日 我国一艘渔船在钓鱼岛以北海域和一艘商船相撞,渔船受损。之后,厦门海事法院依法审理"闽霞渔01971轮"船舶碰撞案,彰显我国对钓鱼岛海域的司法管辖权。

9月28日 习近平在中央民族工作会议暨国务院第六次全国民族团结进步表彰大会上讲话指出,只有树立对法律的信仰,各族群众自觉按法律办事,民族团结才有保障,民族关系才会牢固。涉及民族因素的矛盾和问题,有不少是由于群众不懂法或者不守法酿成的。这些矛盾和问题,虽然带着"民族"字样,但不都是民族问题。要增强各族群众法律意识,懂得法律面前人人平等,谁都没有超越法律的特权。

10月19日 中共中央办公厅、国务院办公厅转发住房城乡建设部等十部门《关于严禁在历史建筑、公园等公共资源中设立私人会所的暂行规定》。

10月20日—23日 中共十八届四中全会召开。全会通过《关于全面推进依法治国若干重大问题的决定》。全会提出,全面推进依法治国,总目标是建设中国特色社会主义法治体系,建设社会主义法治国家。这就是,在中国共产党领导下,坚持中国特色社会主义制度,贯彻中国特色社会主义法治理论,形成完备的法律规范体系、高效的法治实施体系、严密的法治监督体系、有力的法治保障体系,形成完善的党内法规体系,坚持依法治国、依法执政、依法行政共同推进,坚持法治国家、法治政府、法治社会一体建设,实现科学立法、严格执法、公正司法、全民守法,促进国家治理体系和治理能力现代化。围绕总目标,全会提出180多项重大改革举措,涵盖依法治国各个方面,就科学立法、严格执法、公正司法、全民守法作出顶层设计和重大部署。这次全会是党的历史上第一次专题研究全面依法治国的中央全会。

习近平在全会第二次全体会议上讲话指出,我们必须把依法治国摆在更加突出的位置,把党和国家工作纳入法治化轨道,坚持在法治轨道上统筹社会力量、平衡社会利益、调节社会关系、规范社会行为,依靠法治解决各种社会矛盾和问题,确保我国社会在深刻变革中既生机勃勃又井然有序。强调,依法治国是我国宪法确定的治理国家的基本方略,而能不能做到依法治国,关键在于党能不能坚持依法执政,各级政府能不能依法行政。

10月27日 习近平在中央全面深化改革领导小组第六次会议上讲话指出,科学立法是处理改革和法治关系的重要环节。要实现立法和改革决策相衔接,做到重大改革于法有据、立法主动适应改革发展需要。在研究改革方案和改革措施时,要同步考虑改革涉及的立法问题,及时提出立法需求和立法建议。

10月30日—11月2日 全军政治工作会议在福建上杭古田召开。10月31日,习近平在讲话中阐明新的历史条件下党从思想上政治上建设军队的重大问题,指出要提高政治工作信息化、法治化、科学化水平,形成全方位、宽领域、军民融合的政治工作格局,增强政治工作主动性和实效性。12月30日,中共中央转发《关于新形势下军队政治工作若干问题的决定》。

11月1日 十二届全国人大常委会第十一次会议通过《中华人民共和国反间谍法》。这是新中国第一部全面规范和保障反间谍工作的专门法律。

11月1日—2日 习近平在福建调研时指出,社区在全面推进依法治国中具有不可或缺的地位和作用,要通过群众喜闻乐见的形式宣传普及宪法法律,发挥市民公约、乡规民约等基层规范在社会治理中的作用,培育社区居民遵守法律、依法办事的意识和习惯,使大家都成为社会主义法治的忠实崇尚者、自觉遵守者、坚定捍卫者。

11月3日 深化平安中国建设会议在武汉召开。此前,10月29日,习近平就深入推进平安中国建设作出指示强调,政法综治战线要把政法综治工作放在全面推进依法治国大局中来谋划,深入推进平安中国建设,发挥法治的引领和保障作用,坚持运用法治思维和法治方式解决矛盾和问题,加强基础建设,加快创新立体化社会治安防控体系,提高平安建设现代化水平。

11月6日 我国首个知识产权法院——北京知识产权法院正式成立。12月16日、28日,广州知识产权法院、上海知识产权法院先后成立。此前,8月31日,十二届全国人大常委会第十次会议通过《关于在北京、上海、广州设立知识产权法院的决定》。

12月4日 我国迎来首个国家宪法日。习近平在国家宪法日到来之际作出指示,强调要以设立国家宪法日为契机,深入开展宪法宣传教育,大力弘扬宪法精神,切实增强宪法意识,推动全面贯彻实施宪法,更好发挥宪法在全面建成小康社会、全面深化改革、全面依法治国中的重大作用。此前,11月1日,十二届全国人大常委会第十一次会议通过《关于设立国家宪法日的决定》,以立法形式将12月4日设立为国家宪法日。

12月5日 中共中央决定给予周永康开除党籍处分,将其涉嫌犯罪问题及线索移送司法机关依法处理。2015年6月11日,天津市第一中级人民法院依法对周永康受贿、滥用职权、故意泄露国家秘密案进行一审宣判,决定执行无期徒刑,剥夺政治权利终身,并处没收个人财产。

12月9日 习近平在中央经济工作会议上讲话指出,社会主义市场经济本质上是法治经济,经济秩序混乱多源于有法不依、违法不究,因此必须坚持法治思维、增强法治观念,依法调控和治理经济。一些地方和部门还习惯于仅靠行政命令等方式来管理经济,习惯于用超越法律法规的手段和政策来抓企业、上项目推动发展,习惯于采取陈旧的计划手段、强制手段完成收入任务,这些办法必须加以改变。

12月13日—14日 习近平在江苏考察工作期间讲话指出,要主动把握和积极适应经济发展新常态,协调推进全面建成小康社会、全面深化改革、全面依法治国、全面从严治党。2015年2月2日,习近平在省部级主要领导干部学习贯彻党的十八届四中全会精神全面推进依法治国专题研讨班上系统阐述"四个全面"战略布局,指出全面建成小康社会是我们的战略目标,全面深化改革、全面依法治国、全面从严治党是三大战略举措,对实现全面建成小康社会战略目标一个都不能缺。从这个战略布局看,做好全面依法治国各项工作意义十分重大。没有全面依法治国,我们就治不好国、理不好政,我们的战略布局就会落空。要把全面依法治国放在"四个全面"的战略布局中来把握,深刻认识全面依法治国同其他三个"全面"的关系,努力做到"四个全面"相辅相成、相互促进、相得益彰。

12月15日 内蒙古自治区高级人民法院对呼格吉勒图故意杀人、流氓罪案作出再审判决,撤销该院原刑事裁定和呼和浩特市中级人民法院一审刑事判决,改判呼格吉勒图无罪。此前,1996年6月,呼格吉勒图被以故意杀人罪、流氓罪终审判处死刑,剥夺政治权利终身,并于同月10日被执行死刑。

12月18日 《〈内地与香港关于建立更紧密经贸关系的安排〉关于内地在广东与香港基本实现服务贸易自由化的协议》和《〈内地与澳门关于建立更紧密经贸关系的安排〉关于内地在广东与澳门基本实现服务贸易自由化的协议》分别签

署。这是内地首次以准入前国民待遇加负面清单的方式签署的自由贸易协议。

12月20日 习近平出席庆祝澳门回归祖国15周年大会暨澳门特别行政区第四届政府就职典礼并发表讲话强调，继续推进"一国两制"事业，必须牢牢把握"一国两制"的根本宗旨，共同维护国家主权、安全、发展利益，保持香港、澳门长期繁荣稳定；必须坚持依法治港、依法治澳，依法保障"一国两制"实践；必须把坚持一国原则和尊重两制差异、维护中央权力和保障特别行政区高度自治权、发挥祖国内地坚强后盾作用和提高港澳自身竞争力有机结合起来，任何时候都不能偏废。

12月26日 习近平在中央军委扩大会议上讲话强调，依法治军、从严治军，是我们党建军治军的基本方略。军队越是现代化，越是信息化，越是要法治化。要按照法治要求转变治军方式，努力实现三个根本性转变，即从单纯依靠行政命令的做法向依法行政的根本性转变，从单纯靠习惯和经验开展工作的方式向依靠法规和制度开展工作的根本性转变，从突击式、运动式抓工作的方式向按条令条例办事的根本性转变，在全军形成党委依法决策、机关依法指导、部队依法行动、官兵依法履职的良好局面。

12月28日 十二届全国人大常委会第十二次会议通过《中华人民共和国航道法》。该法于2016年修改。

12月31日 中共中央办公厅印发《关于加强中央纪委派驻机构建设的意见》。2015年11月20日，中共中央办公厅印发《关于全面落实中央纪委向中央一级党和国家机关派驻纪检机构的方案》,实现对中央一级党和国家机关派驻纪检机构全覆盖。2018 年 10 月 21 日,中共中央办公厅印发《关于深化中央纪委国家监委派驻机构改革的意见》。

2015 年

1月12日 习近平在同中央党校第一期县委书记研修班学员进行座谈时指出,依法治国的根基在基层。县委书记要做学法尊法守法用法的模范,善于运用法治思维谋划县域治理。要牢记法律红线不可逾越、法律底线不可触碰,做决策、开展工作多想一想是否合法、是否可行,多想一想法律的依据、法定的程序、违法的后果,自觉当依法治国的推动者、守护者。

1月16日 中央政治局常委会召开会议,专门听取全国人大常委会、国务院、全国政协、最高人民法院、最高人民检察院党组工作汇报。这成为实现党中央集中统一领导的一项制度性安排。

1月19日 最高人民法院确定北京市西城区人民法院等50家法院为全国"多元化纠纷解决机制改革示范法院",全面推进多元化纠纷解决机制建设。

1月20日—21日 中央政法工作会议召开。会前,习近平就政法工作作出指示强调,全国政法机关要继续深化司法体制改革,为严格执法、文明执法、公正司法和提高执法司法公信力提供有力制度保障。要坚持从严治警,严守党的政治纪律和组织纪律,坚决反对公器私用、司法腐败,着力维护社会大局稳定、促进社会公平正义、保障人民安居乐业。

1月28日　最高人民法院第一巡回法庭在深圳挂牌成立。31日，最高人民法院第二巡回法庭在沈阳挂牌成立。2016年11月1日，中央全面深化改革领导小组第二十九次会议审议通过了《关于最高人民法院增设巡回法庭的请示》。2016年12月28日、29日，最高人民法院第三、第四、第五、第六巡回法庭相继在南京、郑州、重庆、西安挂牌成立。最高人民法院6个巡回法庭布局的完成，实现了审判机关重心下移、就地化解纠纷、方便当事人诉讼的设立初衷。

2月2日　习近平在省部级主要领导干部学习贯彻党的十八届四中全会精神全面推进依法治国专题研讨班上讲话指出，党的领导是社会主义法治最根本的保证。社会主义法治必须坚持党的领导，党的领导必须依靠社会主义法治。"党大还是法大"是一个政治陷阱，是一个伪命题。党和法、党的领导和依法治国是高度统一的。强调，各级领导干部在推进依法治国方面肩负着重要责任，全面依法治国必须抓住领导干部这个"关键少数"。领导干部要做尊法的模范，带头尊崇法治、敬畏法律；做学法的模范，带头了解法律、掌握法律；做守法的模范，带头遵纪守法、捍卫法治；做用法的模范，带头厉行法治、依法办事。高级干部做尊法学法守法用法的模范，是实现全面依法治国目标和任务的关键所在。

2月10日　最高人民法院、公安部发出《关于刑事被告人或上诉人出庭受审时着装问题的通知》，明确人民法院开庭时，刑事被告人或上诉人应当着正装或便装出庭受审，不再穿着看守所的识别服。

同日　国家发展和改革委员会依法对美国高通公司滥用市场支配地位实施排除、限制竞争的垄断行为作出处理,责令高通公司停止相关违法行为,并处以其 2013 年度在中国市场销售额 8% 的罚款,计 60.88 亿元。

2 月 16 日　中共中央办公厅、国务院办公厅印发《关于全面深化公安改革若干重大问题的框架意见》及相关改革方案。

2 月 21 日　中央军委印发《关于新形势下深入推进依法治军从严治军的决定》,对加强军队法治建设作出全面部署,提出创新发展依法治军从严治军理论和实践,要求构建完善中国特色军事法治体系,形成系统完备、严密高效的军事法规制度体系、军事法治实施体系、军事法治监督体系、军事法治保障体系,提高国防和军队建设法治化水平。

2 月 24 日　中共中央办公厅、国务院办公厅印发《关于贯彻落实党的十八届四中全会决定进一步深化司法体制和社会体制改革的实施方案》。

3 月 15 日　十二届全国人大三次会议通过《关于修改〈中华人民共和国立法法〉的决定》,主要从完善立法体制、发挥人大在立法工作中的主导作用、深入推进科学立法民主立法、完善制定行政法规的程序、加强备案审查、对司法解释的规范和监督等方面,对立法法作了修改。此次修改赋予设区的市、自治州地方立法权。到 2021 年 6 月,我国享有地方立法权的主体增加到 353 个,包括 31 个省(自治区、直辖市)、289 个设区的市、30 个自治州和 3 个不设区的地级市。

自 2015 年起,全国人民代表大会每年都安排审议重要法律案,一些地方人民代表大会也逐步增加审议地方性法规的数量。

3月18日 中共中央办公厅、国务院办公厅印发《领导干部干预司法活动、插手具体案件处理的记录、通报和责任追究规定》。29日,中央政法委员会印发《司法机关内部人员过问案件的记录和责任追究规定》。9月,最高人民法院、最高人民检察院、公安部、国家安全部、司法部印发《关于进一步规范司法人员与当事人、律师、特殊关系人、中介组织接触交往行为的若干规定》。

3月24日 十八届中央政治局就深化司法体制改革、保证司法公正进行第二十一次集体学习。习近平在主持学习时强调,要坚持以提高司法公信力为根本尺度,坚定不移深化司法体制改革。

3月27日 中央编办印发《关于开展综合行政执法体制改革试点工作的意见》,确定在全国22个省(自治区、直辖市)的138个城市开展综合行政执法体制改革试点。

3月27日—28日 金砖国家大法官论坛在海南三亚举行。来自金砖五国的大法官围绕金砖国家司法制度新发展、环境资源司法保护等议题深入开展交流,并共同签署《金砖国家大法官论坛三亚声明》。

3月29日 正在亚丁湾索马里海域执行护航任务的中国海军护航编队临沂舰搭载首批122名中国公民,从也门亚丁港安全撤离。到4月7日,从也门共撤出中国公民621人,并协助来自15个国家的276名外国公民安全撤离,有效维护了海外中国公民和机构安全及合法权益。

4月14日　中央宣传部、中央网信办、最高人民法院、最高人民检察院、公安部、工业和信息化部、国家工商行政管理总局、国家邮政局、国家禁毒委员会办公室印发《关于加强互联网禁毒工作的意见》。

4月　由中共中央文献研究室编辑的《习近平关于全面依法治国论述摘编》出版发行。该书共分8个专题，收入193段论述，摘自习近平2012年12月4日至2015年2月2日的讲话、报告、批示、指示等30多篇重要文献。

5月1日　全国法院实行立案登记制，对依法应当受理的案件，做到有案必立、有诉必理，保证当事人诉权。

5月18日　中共中央印发《中国共产党统一战线工作条例（试行）》，首次将"参加中国共产党领导的政治协商"作为民主党派基本职能之一，将民主党派基本职能拓展为"参政议政、民主监督，参加中国共产党领导的政治协商"。2020年12月21日，中共中央印发修订后的《中国共产党统一战线工作条例》。

5月19日　习近平在会见全国国家安全机关总结表彰大会代表时强调，国家安全机关是维护国家主权、安全、发展利益，建设和发展中国特色社会主义的特殊力量，为保卫社会主义国家政权、保持社会和谐稳定、保护人民生命财产安全发挥了重要作用。全国国家安全机关要贯彻落实总体国家安全观，坚定理想信念，忠诚党的事业，与时俱进开创国家安全工作新局面。

5月28日　中共中央办公厅印发《事业单位领导人员管理暂行规定》，这是中央制定的第一部规范和加强事业单位领导人员管理的党内法规。2017年1月13日,中央组织部会同中央宣传部、教育部、科技部、国家卫生计生委,分别印发了宣传思想文化系统、高等学校、中小学校、科研事业单位、公立医院5个行业领导人员管理办法,事业单位领导人员管理有总有分、上下贯通、相互配套、有效管用的制度体系逐步完善。

5月 根据中央全面深化改革领导小组审议通过的《人民陪审员制度改革试点方案》和十二届全国人大常委会第十四次会议通过的《关于授权在部分地区开展人民陪审员制度改革试点工作的决定》,全国10个省(自治区、直辖市)50个法院开展人民陪审员制度改革试点。2018年4月27日,十三届全国人大常委会第二次会议通过《中华人民共和国人民陪审员法》。到2021年6月,全国共有人民陪审员31.6万余人。

6月11日 中共中央印发《中国共产党党组工作条例(试行)》。这是党在党组工作方面第一部专门法规,是规范党组设立和运行、确保党全面领导的遵循。2019年4月6日,中共中央印发修订后的《中国共产党党组工作条例》。

6月24日 中共中央办公厅、国务院办公厅印发《关于完善法律援助制度的意见》。

6月26日 十八届中央政治局就加强反腐倡廉法规制度建设进行第二十四次集体学习。习近平在主持学习时强调,铲除不良作风和腐败现象滋生蔓延的土壤,根本上要靠法规制度。要加强反腐倡廉法规制度建设,把法规制度建设贯穿到反腐倡廉各个领域、落实到制约和监督权力各个方面,发挥法规制度的激励约束作用,推动形成不敢腐不能腐不想腐的有效机制。

7月1日 十二届全国人大常委会第十五次会议通过新制定的《中华人民共和国国家安全法》,将人民安全、海外利益安全、金融安全、粮食安全、外层空间安全、极地安全、国际海底区域安全等纳入总体国家安全观,并将信息安全、社会安全更名为网络与信息安全、公共安全。2020年2月,习近平在中央全面深化改革委员会第十二次会议上提出,把生物安全纳入国家安全体系。

会议还通过《关于授权最高人民检察院在部分地区开展公益诉讼试点工作的决定》。2017年6月27日,十二届全国人大常委会第二十八次会议通过《关于修改〈中华人民共和国民事诉讼法〉和〈中华人民共和国行政诉讼法〉的决定》,将检察机关提起公益诉讼明确写入这两部法律,标志着我国以立法形式正式确立了检察机关提起公益诉讼制度。

7月19日 中共中央办公厅印发《推进领导干部能上能下若干规定(试行)》,明确了干部"下"的6种渠道,重点对调整不适宜担任现职干部的具体情形、调整程序、调整方式等作出规范。

7月20日 中共中央决定给予令计划开除党籍、开除公职处分,将其涉嫌犯罪问题及线索移送司法机关依法处理。2016年7月4日,天津市第一中级人民法院依法对令计划受贿、非法获取国家秘密、滥用职权案进行一审宣判,决定执行无期徒刑,剥夺政治权利终身,并处没收个人全部财产。

7月29日 国务院办公厅发出《关于推广随机抽查规范

事中事后监管的通知》,提出建立随机抽取检查对象、随机选派执法检查人员的"双随机"抽查机制,严格限制监管部门自由裁量权,切实解决一些领域存在的检查任性和执法扰民、执法不公、执法不严等问题。

7月30日 中共中央决定给予郭伯雄开除党籍处分,将其涉嫌犯罪问题及线索移送最高人民检察院授权军事检察机关依法处理。2016年7月25日,中国人民解放军军事法院依法对郭伯雄受贿案进行一审宣判,判处无期徒刑,剥夺政治权利终身,并处没收个人全部财产,剥夺上将军衔。

8月3日 中共中央印发《中国共产党巡视工作条例》;该条例于2017年修订。此前,2009年7月2日,中共中央印发《中国共产党巡视工作条例(试行)》。

8月24日 习近平在中央第六次西藏工作座谈会上讲话指出,必须坚持治国必治边、治边先稳藏的战略思想,坚持依法治藏、富民兴藏、长期建藏、凝聚人心、夯实基础的重要原则,不断增进各族群众对伟大祖国、中华民族、中华文化、中国共产党、中国特色社会主义的认同。

8月29日 十二届全国人大常委会第十六次会议通过《中华人民共和国刑法修正案(九)》。其中,取消了嫖宿幼女罪,对这类犯罪行为可以适用刑法关于奸淫幼女的以强奸论、从重处罚的规定;规定贪污犯罪被判处死刑缓期执行的,人民法院根据犯罪情节等情况可以同时决定在其死刑缓期执行二年期满依法减为无期徒刑后,终身监禁,不得减刑、假释。

同日 习近平签署主席特赦令,根据十二届全国人大常委会第十六次会议通过的《关于特赦部分服刑罪犯的决定》,

在中国人民抗日战争暨世界反法西斯战争胜利70周年之际，对参加过抗日战争、解放战争等4类服刑罪犯实行特赦。这是我国改革开放以来第一次实行特赦，具有重大政治意义和法治意义。本年，经人民法院依法裁定，全国共特赦服刑罪犯31527人。

8月30日 中共中央办公厅、国务院办公厅印发《环境保护督察方案（试行）》，正式建立中央生态环境保护督察制度。2019年6月6日起，《中央生态环境保护督察工作规定》施行。

9月16日 最高人民法院、最高人民检察院、公安部、国家安全部、司法部印发《关于依法保障律师执业权利的规定》，要求依法保障律师知情权、申请权、申诉权，以及会见、阅卷、收集证据和发问、质证、辩论等方面的执业权利。

9月21日 最高人民法院印发《关于完善人民法院司法责任制的若干意见》，确立"让审理者裁判，由裁判者负责"的新型审判权力运行机制。

9月25日 最高人民检察院印发《关于完善人民检察院司法责任制的若干意见》，取消检察机关长期以来实行的"三级审批制"办案模式，确立人民检察院"谁办案谁负责、谁决定谁负责"的检察官办案责任制。

9月28日 习近平在纽约联合国总部出席第70届联合国大会一般性辩论并发表讲话强调，和平、发展、公平、正义、民主、自由，是全人类的共同价值，也是联合国的崇高目标。要继承和弘扬联合国宪章宗旨和原则，构建以合作共赢为核心的新型国际关系，打造人类命运共同体。

9月30日 中共中央办公厅、国务院办公厅印发《关于完善国家统一法律职业资格制度的意见》,明确建立国家统一法律职业资格考试制度。2017年9月1日,十二届全国人大常委会第二十九次会议通过《关于修改〈中华人民共和国法官法〉等八部法律的决定》,对与法律职业资格制度相关的法律进行修改,将"国家统一司法考试"修改为"国家统一法律职业资格考试",并将需要通过法律职业资格考试的人员,从法官、检察官、律师、公证员扩大到初次担任法律类仲裁员,在行政机关中初次从事行政处罚决定审核、行政复议、行政裁决、法律顾问的公务员。2018年9月22日,首次国家统一法律职业资格考试开考。

10月1日 企业工商营业执照、组织机构代码证和税务登记证"三证合一、一照一码"登记制度改革在全国范围内实施。2017年5月5日,国务院办公厅印发《关于加快推进"多证合一"改革的指导意见》。

10月2日 国务院印发《关于实行市场准入负面清单制度的意见》,决定从2015年12月1日至2017年12月31日在部分地区试行市场准入负面清单制度,积累经验、逐步完善,探索形成全国统一的市场准入负面清单及相应的体制机制。从2018年起,正式实行全国统一的市场准入负面清单制度。

10月3日 中共中央办公厅印发《党委(党组)意识形态工作责任制实施办法》。

10月14日 中共中央印发《干部教育培训工作条例》,将政策法规作为教育培训重点内容,提出政策法规教育重点加强宪法法律和党内法规教育,提高干部科学执政、民主执政、依法执政水平。此前,2006年1月21日,中共中央印发《干部教育培训工作条例(试行)》。

10月18日 中共中央印发《中国共产党廉洁自律准则》。此前,1997年3月28日,中共中央印发《中国共产党党员领导干部廉洁从政若干准则(试行)》;2010年1月18日,中共中央印发《中国共产党党员领导干部廉洁从政若干准则》。

11月3日 中央组织部、最高人民法院、最高人民检察院印发《关于招录人民法院法官助理、人民检察院检察官助理的意见》。

11月23日 中央军委印发《领导指挥体制改革实施方案》。自2016年2月29日起,全军按新的领导指挥体制运行。

11月24日 习近平在中央军委改革工作会议上讲话强调,要着眼于深入推进依法治军、从严治军,抓住治权这个关键,构建严密的权力运行制约和监督体系。组建新的军委纪委,向军委机关部门和战区分别派驻纪检组,推动纪委双重领导体制落到实处。调整组建军委审计署,全部实行派驻审计。组建新的军委政法委,调整军事司法体制,按区域设置军事法院、军事检察院,确保它们依法独立公正行使职权。

11月26日 中央军委印发《军事司法体制改革实施方案》,对军事法院、军事检察院职能机构设置、案件管辖范围及相关制度机制等作出部署。2016年5月10日,经中央军委批准,全军军事法院、军事检察院调整组建大会召开。

同日　国务院公布《居住证暂行条例》。2015年,国务院还公布了《博物馆条例》《地图管理条例》《存款保险条例》《中华人民共和国政府采购法实施条例》等行政法规。

11月27日、28日　《〈内地与香港关于建立更紧密经贸关系的安排〉服务贸易协议》和《〈内地与澳门关于建立更紧密经贸关系的安排〉服务贸易协议》分别签署,内地与香港、澳门基本实现服务贸易自由化。

12月23日　中共中央、国务院印发《法治政府建设实施纲要(2015—2020年)》,明确了法治政府建设的指导思想、总体目标、基本原则、衡量标准,提出了依法全面履行政府职能、完善依法行政制度体系、推进行政决策科学化民主化法治化、坚持严格规范公正文明执法、强化对行政权力的制约和监督、依法有效化解社会矛盾纠纷、全面提高政府工作人员法治思维和依法行政能力七方面的主要任务和具体措施,是"十三五"时期推进法治政府建设的纲领性文件。

12月24日　中共中央、国务院印发《关于深入推进城市执法体制改革改进城市管理工作的指导意见》。

12月25日　中共中央印发《关于建立健全党和国家功勋荣誉表彰制度的意见》,对党和国家功勋荣誉表彰制度进行整体设计。27日,十二届全国人大常委会第十八次会议通过《中华人民共和国国家勋章和国家荣誉称号法》。2017年8月8日,中共中央印发《中国共产党党内功勋荣誉表彰条例》和《国家功勋荣誉表彰条例》。

同日　中共中央印发《中国共产党地方委员会工作条例》,进一步健全了地方党委在本地区发挥总揽全局、协调各方的领导作用的制度基础,完善了地方党委运行机制。此前,1996年4月5日,中共中央印发《中国共产党地方委员会工作条例(试行)》。

12月27日 十二届全国人大常委会第十八次会议通过《中华人民共和国反恐怖主义法》和《中华人民共和国反家庭暴力法》。《反恐怖主义法》于2018年修改。

12月28日 国务院办公厅印发《国务院部门权力和责任清单编制试点方案》。到2017年,31个省(自治区、直辖市)均已公布省市县三级政府部门权力清单和责任清单。

12月31日 国务院办公厅印发《关于解决无户口人员登记户口问题的意见》。

2016 年

1 月 5 日 习近平在视察第 13 集团军时讲话指出,国家要依法治国,军队要依法治军。要深化对依法治军、从严治军重大意义的认识,构建完善中国特色军事法治体系,为推进强军事业提供重要引领和保障。

1 月 22 日—23 日 中央政法工作会议召开。会前,习近平就政法工作作出指示强调,全国政法机关要增强忧患意识、责任意识,防控风险、服务发展,破解难题、补齐短板,提高维护国家安全和社会稳定的能力水平,履行好维护社会大局稳定、促进社会公平正义、保障人民安居乐业的职责使命。

2 月 16 日 中央军委发出《关于军队和武警部队全面停止有偿服务活动的通知》,计划用三年左右时间,分步骤停止军队一切有偿服务活动。2018 年 6 月,中共中央办公厅、国务院办公厅、中央军委办公厅印发《关于深入推进军队全面停止有偿服务工作的指导意见》。到 2018 年年底,全面停止有偿服务任务基本完成,军队不从事经营服务的目标基本实现。

2 月 26 日 十二届全国人大常委会首次举行宪法宣誓仪式。9 月 18 日,国务院首次举行宪法宣誓仪式。此前,2015 年 7 月 1 日,十二届全国人大常委会第十五次会议通过

《关于实行宪法宣誓制度的决定》,明确规定国家工作人员就职时公开进行宪法宣誓,庄严承诺忠于宪法、忠于祖国、忠于人民。

2 月 27 日 中共中央办公厅、国务院办公厅印发《健全落实社会治安综合治理领导责任制规定》。

2 月 28 日 中共中央印发《关于加强党领导立法工作的意见》。

3 月 4 日 习近平在参加全国政协十二届四次会议民建、工商联界委员联组会时讲话指出,各类企业都要把守法诚信作为安身立命之本,依法经营、依法治企、依法维权。法律底线不能破,偷税漏税、走私贩私、制假贩假等违法的事情坚决不做,偷工减料、缺斤短两、质次价高的亏心事坚决不做。

3 月 7 日 习近平在参加十二届全国人大四次会议黑龙江代表团审议时讲话指出,法治是一种基本思维方式和工作方式,法治化环境最能聚人聚财、最有利于发展。

3 月 10 日 国务院公布《全国社会保障基金条例》。2016 年,国务院还公布了《农田水利条例》《企业投资项目核准和备案管理条例》等行政法规。

3 月 12 日 最高人民法院在十二届全国人大四次会议上提出"用两到三年时间基本解决执行难问题"。2019 年 3 月 12 日,最高人民法院在十三届全国人大二次会议上宣布,"基本解决执行难"这一阶段性目标如期实现。

3 月 16 日 十二届全国人大四次会议通过《中华人民共和国慈善法》。

3 月 22 日 中央组织部、中央宣传部、司法部、人力资源和社会保障部印发《关于完善国家工作人员学法用法制度的意见》。

4月6日 中共中央办公厅、国务院办公厅印发《关于深化律师制度改革的意见》。

4月9日、13日 公安机关分两批从肯尼亚押回77名电信诈骗犯罪嫌疑人,包括45名台湾地区嫌犯。到2021年6月,共从境外押回台湾地区嫌犯458人,其中2016年至2019年自西班牙押回218人。

4月11日 贵州省副省长出庭应诉行政案件,这是全国首例省部级领导在行政案件中出庭应诉。

4月21日 江苏省徐州市中级人民法院对徐州市鸿顺造纸有限公司非法排污案一审开庭宣判,判决鸿顺公司赔偿生态环境修复费用及服务功能损失共计105.82万元。二审维持原判。此前,2015年12月22日,因违法排放污水,该公司被徐州市人民检察院提起环境民事公益诉讼。该案是检察公益诉讼制度试点开始后,人民法院开庭审理的首起检察公益诉讼案件。

4月22日 中国签署气候变化《巴黎协定》。9月3日上午,十二届全国人大常委会第二十二次会议通过《关于批准〈巴黎协定〉的决定》;9月3日下午,在二十国集团领导人杭州峰会期间,习近平代表中国政府正式向联合国交存了《巴黎协定》批准文书。

4月23日 国务院公布《关于修改〈疫苗流通和预防接种管理条例〉的决定》,聚焦山东济南非法经营疫苗系列案件暴露出来的突出问题,着力完善相关法律制度,加大处罚及问责力度。

4 月 25 日—26 日 全国政法队伍建设工作会议召开。会前,习近平就政法队伍建设工作作出指示强调,做好党的政法工作,必须加强队伍建设。要坚持把思想政治建设摆在第一位,按照政治过硬、业务过硬、责任过硬、纪律过硬、作风过硬的要求,锐意改革创新,努力建设一支信念坚定、执法为民、敢于担当、清正廉洁的政法队伍。

4 月 28 日 十二届全国人大常委会第二十次会议通过《中华人民共和国境外非政府组织境内活动管理法》。该法于 2017 年修改。

5 月 26 日 中共中央办公厅、国务院办公厅印发《关于推行法律顾问制度和公职律师公司律师制度的意见》。

5 月 30 日 国务院印发《关于建立完善守信联合激励和失信联合惩戒制度加快推进社会诚信建设的指导意见》。

6 月 1 日 国务院印发《关于在市场体系建设中建立公平竞争审查制度的意见》。到 2019 年 2 月,公平竞争审查制度已在全国基本建立。

6 月 2 日 中共中央办公厅印发《从律师和法学专家中公开选拔立法工作者、法官、检察官办法》。

6 月 27 日 国务院办公厅印发《关于加强和改进行政应诉工作的意见》。

同日 北京市西城区人民法院对洪某某侵害"狼牙山五壮士"名誉案一审宣判,判决洪某某立即停止侵害行为并赔礼道歉。二审维持原判。此前,2015 年 8 月 25 日,"狼牙山五壮士"中的葛振林之子葛长生、宋学义之子宋福保认为洪某某公开发表的《"狼牙山五壮士"的细节分歧》一文抹黑了"狼牙山五壮士"英雄形象和名誉,将其起诉至法院。

6月28日 教育部、司法部、全国普法办印发《青少年法治教育大纲》,要求法治教育要以宪法教育和公民基本权利义务教育为重点,覆盖各教育阶段,形成层次递进、结构合理、螺旋上升的法治教育体系。

6月 中央军委印发《关于深化国防和军队改革期间加强军事法规制度建设的意见》,对抓紧推进中国特色军事法规制度体系建设作出全面部署。

7月1日 习近平在庆祝中国共产党成立95周年大会上讲话指出,全面依法治国,核心是坚持党的领导、人民当家作主、依法治国有机统一,关键在于坚持党领导立法、保证执法、支持司法、带头守法。

7月5日 最高人民法院印发《关于在全国法院推进知识产权民事、行政和刑事案件审判"三合一"工作的意见》。7日至8日,全国法院知识产权审判工作座谈会暨全国法院知识产权审判"三合一"推进会召开,确立"司法主导、严格保护、分类施策、比例协调"的知识产权司法保护基本政策。

7月7日 最高人民法院依法开庭审理希腊籍"加百利"轮海难救助合同纠纷案,进行全媒体直播,准确解释国际公约,促进完善海洋法治,为国际司法界处理同类案件提供了可资借鉴的案例。

7月8日 中共中央印发《中国共产党问责条例》。该条例于2019年修订。

同日 中共中央办公厅、国务院办公厅印发《专业技术类公务员管理规定(试行)》和《行政执法类公务员管理规定(试行)》。

7月12日 中国发表《中华人民共和国政府关于在南海的领土主权和海洋权益的声明》。同日,中国外交部发表声明指出,应菲律宾共和国时任政府单方面请求建立的南海仲裁案仲裁庭作出的裁决是无效的,没有拘束力,中国不接受、不承认。翌日,国务院新闻办发表《中国坚持通过谈判解决中国与菲律宾在南海的有关争议》白皮书。

7月20日 最高人民法院、最高人民检察院、公安部、国家安全部、司法部印发《关于推进以审判为中心的刑事诉讼制度改革的意见》,贯彻罪刑法定、疑罪从无、证据裁判、庭审中心等原则,明确了审判程序在刑事诉讼中的中心地位。

7月21日 中共中央办公厅、国务院办公厅印发《保护司法人员依法履行法定职责规定》。

7月27日 交通运输部、工业和信息化部、公安部、商务部、工商总局、质检总局、国家网信办印发《网络预约出租汽车经营服务管理暂行办法》。这是第一份国家层面的网约车监管规章,将网约车这一关系人民群众出行、广受社会关注的交通运输新业态纳入了法治轨道。

8月2日 中共中央办公厅、国务院办公厅印发《关于深化公安执法规范化建设的意见》,提出实现执法队伍专业化、执法行为标准化、执法管理系统化、执法流程信息化,保障执法质量和执法公信力不断提高,全面建设法治公安。

8月15日 中共中央办公厅印发《关于防止干部"带病提拔"的意见》,明确提出"凡提四必"要求,即干部档案"凡提必审",个人有关事项报告"凡提必核",纪检监察机关意见"凡提必听",反映违规违纪问题线索具体、有可查性的信访举报"凡提必查"。

9月5日 二十国集团领导人杭州峰会通过《二十国集团2017—2018年反腐败行动计划》《二十国集团反腐败追逃追赃高级原则》等成果文件。

9月13日 十二届全国人大常委会第二十三次会议通过关于辽宁省人大选举产生的部分十二届全国人大代表当选无效的报告和关于成立辽宁省十二届人大七次会议筹备组的决定,依法确定45名拉票贿选的全国人大代表当选无效。此前,中央先后通报了查处的湖南衡阳破坏选举案、四川南充拉票贿选案、辽宁拉票贿选案,其中辽宁拉票贿选案是新中国成立以来查处的第一起发生在省级层面严重违反党纪国法、严重违反政治纪律和政治规矩、严重违反组织纪律和换届纪律、严重破坏党内选举制度和人大选举制度的重大案件。

9月14日 中共中央办公厅、国务院办公厅印发《关于加快推进失信被执行人信用监督、警示和惩戒机制建设的意见》,对加强联合惩戒、加强信息公开与共享、完善相关制度机制、加强组织领导等内容作出规定,指导破解执行难题,推进诚信体系建设,维护法律权威。

9月20日 北京市大兴区人民法院对邱少云烈士之弟邱少华诉孙某、加多宝(中国)饮料有限公司一般人格权纠纷案公开宣判,判决二被告发布赔礼道歉公告,消除影响。此前,孙某发表微博对邱少云烈士进行侮辱、丑化,加多宝(中国)公司贬损烈士形象、用于市场营销,邱少华将二被告起诉至法院。

10 月 11 日　中共中央办公厅、国务院办公厅印发《脱贫攻坚责任制实施办法》。到 2020 年 11 月,我国 832 个贫困县全部脱贫。

10 月 12 日　最高人民法院、最高人民检察院印发《关于建立法官、检察官惩戒制度的意见(试行)》。

10 月 22 日　中共中央办公厅、国务院办公厅印发《关于完善农村土地所有权承包权经营权分置办法的意见》。"三权分置"是继家庭联产承包责任制后农村改革的又一重大制度创新。到 2020 年,31 个省(自治区、直辖市)均开展了承包地确权工作,承包地确权面积达 15 亿亩,完善土地承包合同 2 亿份,颁发土地承包经营权证书 2 亿份。

10 月 24 日—27 日　中共十八届六中全会召开。全会通过《关于新形势下党内政治生活的若干准则》和《中国共产党党内监督条例》。全会明确习近平总书记党中央的核心、全党的核心地位,号召全党同志紧密团结在以习近平同志为核心的党中央周围,牢固树立政治意识、大局意识、核心意识、看齐意识,坚定不移维护党中央权威和党中央集中统一领导。

11 月 2 日　中共中央印发《关于新形势下加强政法队伍建设的意见》。

11 月 4 日　中共中央、国务院印发《关于完善产权保护制度依法保护产权的意见》。这是中央首次出台产权保护的专门文件。

同日　中共中央办公厅印发《关于在北京市、山西省、浙江省开展国家监察体制改革试点方案》,部署在3个省(直辖市)设立省、市、县三级监察委员会。12月25日,十二届全国人大常委会第二十五次会议通过《关于在北京市、山西省、浙江省开展国家监察体制改革试点工作的决定》。2017年4月,试点地区全面完成省、市、县三级监察委员会组建和转隶工作;11月4日,十二届全国人大常委会第三十次会议通过《关于在全国各地推开国家监察体制改革试点工作的决定》,使监察体制改革与地方人大换届工作紧密衔接。

11月7日　十二届全国人大常委会第二十四次会议通过《中华人民共和国网络安全法》和《中华人民共和国电影产业促进法》。

11月28日　最高人民法院印发《关于充分发挥审判职能作用切实加强产权司法保护的意见》和《关于依法妥善处理历史形成的产权案件工作实施意见》。

11月30日　中共中央办公厅、国务院办公厅印发《党政主要负责人履行推进法治建设第一责任人职责规定》。

11月　国务院办公厅印发《关于规范公安机关警务辅助人员管理工作的意见》,第一次从国家层面对辅警管理体制、岗位职责、人员招聘、管理监督、职业保障等作出了明确规定。

12月2日　中共中央办公厅、国务院办公厅印发《生态文明建设目标评价考核办法》。

同日　最高人民法院第二巡回法庭对聂树斌故意杀人、强奸妇女再审案公开宣判,宣告撤销原审判决,改判聂树斌无罪。1995年,聂树斌被河北省高级人民法院以故意杀人罪、强奸妇女罪判处死刑,剥夺政治权利终身,并于当年4月27日被执行死刑。

12月4日 "五四宪法"历史资料陈列馆在杭州正式建成开放。此前,习近平对"五四宪法"历史资料陈列馆作出指示强调,开展宪法宣传教育是全面依法治国的重要任务。"五四宪法"历史资料陈列馆要坚持党的领导、人民当家作主、依法治国有机统一,努力为普及宪法知识、增强宪法意识、弘扬宪法精神、推动宪法实施作出贡献。

12月8日 最高人民法院对"乔丹"系列商标行政诉讼案进行公开宣判,对其中3件案件作了撤销判决、7件案件作了维持判决。此前,美国NBA著名球星迈克尔·乔丹于2012年向国家工商行政管理总局申请撤销乔丹体育股份有限公司在多个商品类别上注册的"乔丹""QIAODAN"等多项商标,均被驳回。乔丹不服提起行政诉讼,一审二审败诉后,又申请再审,最高人民法院作出上述判决。

12月9日 十八届中央政治局就我国历史上的法治和德治进行第三十七次集体学习。习近平在主持学习时强调,法律是准绳,任何时候都必须遵循;道德是基石,任何时候都不可忽视。在新的历史条件下,我们要把依法治国基本方略、依法执政基本方式落实好,把法治中国建设好,必须坚持依法治国和以德治国相结合,使法治和德治在国家治理中相互补充、相互促进、相得益彰,推进国家治理体系和治理能力现代化。

12月13日 中共中央印发《关于加强党内法规制度建设的意见》。23日,习近平作出指示强调,加强党内法规制度建设是全面从严治党的长远之策、根本之策。必须坚持依法治国与制度治党、依规治党统筹推进、一体建设。要以改革创新精神加快补齐党建方面的法规制度短板,力争到建党100周年时形成比较完善的党内法规制度体系。到2021年6月,全党现行有效党内法规共3615部,其中,党中央制定的中央党内法规211部,中央纪律检查委员会以及党中央工作机关制定的部委党内法规163部,省(自治区、直辖市)党委制定的地方党内法规3241部。2021年7月1日,习近平在庆祝中国共产党成立100周年大会上宣布,我们党已经"形成比较完善的党内法规体系"。

12月23日 中共中央印发修订后的《县以上党和国家机关党员领导干部民主生活会若干规定》。此前,1990年5月25日,中共中央印发《关于县以上党和国家机关党员领导干部民主生活会的若干规定》。

12月24日—25日 首次全国党内法规工作会议召开。

12月25日 十二届全国人大常委会第二十五次会议通过《中华人民共和国环境保护税法》。环保税正式成为我国第十八个税种,排污费制度随之告别历史舞台。2015年以来,为落实税收法定原则,我国相继制定出台了烟叶税法、船舶吨税法、耕地占用税法、车辆购置税法、资源税法、城市维护建设税法、契税法和印花税法等税收法律。

会议还通过《中华人民共和国中医药法》和《中华人民共和国公共文化服务保障法》。

12月26日 中共中央、国务院印发《关于稳步推进农村集体产权制度改革的意见》,农村集体产权制度改革向全国推开。到 2021 年 6 月,全国已有 50 多万个村完成集体产权制度改革,清查核实农村集体资产 6.5 万亿元,集体土地等资源 65.5 亿亩,确认集体成员 9 亿人。

12 月 30 日　司法部、外交部、商务部、国务院法制办公室印发《关于发展涉外法律服务业的意见》。

2017 年

1月12日—13日 中央政法工作会议召开。会前,习近平就政法工作作出指示强调,全国政法机关要强化忧患意识,提高政治警觉,增强工作预见性,不断创新理念思路、体制机制、方法手段,全面提升防范应对各类风险挑战的水平,确保国家长治久安、人民安居乐业。

1月18日 习近平在联合国日内瓦总部发表主旨演讲,提出"构建人类命运共同体,实现共赢共享"的中国方案,系统阐释构建人类命运共同体的理论内涵和目标路径,倡导建设持久和平、普遍安全、共同繁荣、开放包容、清洁美丽的世界。2017年3月,"构建人类命运共同体"被写入联合国安理会第2344号决议和联合国人权理事会决议。

1月19日 国务院办公厅印发《推行行政执法公示制度执法全过程记录制度重大执法决定法制审核制度试点工作方案》,在32个地方和部门部署开展行政执法"三项制度"试点工作。2018年12月5日,国务院办公厅印发《关于全面推行行政执法公示制度执法全过程记录制度重大执法决定法制审核制度的指导意见》。

1月30日 中共中央办公厅印发《中国共产党党委(党组)理论学习中心组学习规则》。

2月8日　中共中央办公厅、国务院办公厅印发修订后的《领导干部报告个人有关事项规定》。此前,1997年1月31日,中共中央办公厅、国务院办公厅印发《关于领导干部报告个人重大事项的规定》;2010年5月26日,中共中央办公厅、国务院办公厅印发《关于领导干部报告个人有关事项的规定》。

3月1日　中共中央印发《中国共产党工作机关条例(试行)》。

3月15日　十二届全国人大五次会议通过《中华人民共和国民法总则》。

4月1日　最高人民法院、最高人民检察院、司法部印发《关于逐步实行律师代理申诉制度的意见》,积极推进律师代理申诉工作,保障当事人依法行使申诉权利。

4月14日　最高人民法院、最高人民检察院、公安部、国家安全部、司法部、中华全国律师协会发出《关于建立健全维护律师执业权利快速联动处置机制的通知》。

4月20日　最高人民法院发布《中国知识产权司法保护纲要(2016—2020)》。

5月3日　习近平到中国政法大学考察并讲话强调,法治人才培养上不去,法治领域不能人才辈出,全面依法治国就不可能做好。要坚持中国特色社会主义法治道路,坚持以马克思主义法学思想和中国特色社会主义法治理论为指导,立德树人,德法兼修,培养大批高素质法治人才。

同日　中共中央办公厅、国务院办公厅印发《关于实行国家机关"谁执法谁普法"普法责任制的意见》,要求健全普法宣传教育机制,落实国家机关普法责任,实行国家机关"谁执法谁普法"普法责任制。

5月8日 中央军委印发《军事立法工作条例》,为新时代开展军事立法工作提供了法规依据和基本遵循。

同日 最高人民法院、最高人民检察院印发《关于办理侵犯公民个人信息刑事案件适用法律若干问题的解释》。为严格依法保护个人信息安全,2017年至2020年,全国各级人民法院一审审结侵犯公民个人信息的刑事案件数量分别为1393件、2315件、2627件、2558件。

5月19日 习近平会见全国公安系统英雄模范立功集体表彰大会代表并发表讲话强调,全国公安机关和公安队伍要坚持党对公安工作的领导,牢固树立"四个意识",坚持人民公安为人民,全面加强正规化、专业化、职业化建设,做到对党忠诚、服务人民、执法公正、纪律严明。

6月1日 中共中央办公厅、国务院办公厅印发《关于甘肃祁连山国家级自然保护区生态环境问题督查处理情况及其教训的通报》,明确指出甘肃省有关方面在立法层面存在为破坏生态行为"放水"的问题。通报发出后,全国人大常委会组织对生态领域地方性法规进行专项审查,积极推动各地对存在的故意"放水"、降低标准、管控不严等问题进行全面清理。

6月27日 十二届全国人大常委会第二十八次会议通过《中华人民共和国国家情报法》。这是新中国第一部全面规范和保障国家情报工作的专门法律。该法于2018年修改。

同日　最高人民法院、最高人民检察院、公安部、国家安全部、司法部印发《关于办理刑事案件严格排除非法证据若干问题的规定》，从侦查、起诉、辩护、审判等方面明确非法证据的认定标准和排除程序，切实防范冤假错案产生。

6月　最高人民法院发出《在全国部分法院开展"三项规程"试点的通知》，部署试点法院全面开展庭前会议、排除非法证据、法庭调查"三项规程"试点工作。

7月1日　习近平出席庆祝香港回归祖国20周年大会暨香港特别行政区第五届政府就职典礼并发表讲话指出，中央贯彻"一国两制"方针坚持两点，一是坚定不移，不会变、不动摇；二是全面准确，确保"一国两制"在香港的实践不走样、不变形，始终沿着正确方向前进。

7月　最高人民法院机关首批员额法官、最高人民检察院机关首批员额检察官选任工作完成。3日、17日，最高人民法院、最高人民检察院分别举行首批员额法官、员额检察官宪法宣誓仪式。到2021年6月，全国共有员额法官12.7万名，员额检察官6.8万名。

8月1日　习近平在庆祝中国人民解放军建军90周年大会上讲话指出，推进强军事业，必须坚持政治建军、改革强军、科技兴军、依法治军，全面提高国防和军队现代化水平。要增强全军法治意识，加快构建中国特色军事法治体系，加快实现治军方式根本性转变。

8月6日　国务院公布《无证无照经营查处办法》。2017年，国务院还公布了《残疾预防和残疾人康复条例》《融资担保公司监督管理条例》《志愿服务条例》《机关团体建设楼堂馆所管理条例》等行政法规。

8月18日 全国首家互联网法院——杭州互联网法院正式揭牌成立。此后,北京、广州相继成立互联网法院。

8月29日 国务院办公厅印发《关于完善反洗钱、反恐怖融资、反逃税监管体制机制的意见》。

9月1日 十二届全国人大常委会第二十九次会议通过《中华人民共和国国歌法》。国歌法同之前已经施行的国旗法、国徽法一道,构成和落实了宪法规定的关于国家象征和标志的重要制度。

9月11日 第二十二届国际检察官联合会年会暨会员代表大会在北京召开。习近平致贺信指出,检察官作为公共利益的代表,肩负着重要责任。希望各国检察官以本届会议为契机,分享保护公益、推动法治建设的经验,深化司法合作交流,共同为促进人类和平与发展的崇高事业作出新的贡献。

9月19日 全国社会治安综合治理表彰大会举行。习近平会见与会代表并发表讲话强调,要坚定不移走中国特色社会主义社会治理之路,善于把党的领导和我国社会主义制度优势转化为社会治理优势,着力推进社会治理系统化、科学化、智能化、法治化,不断完善中国特色社会主义社会治理体系,确保人民安居乐业、社会安定有序、国家长治久安。

同日 中共中央办公厅、国务院办公厅印发《聘任制公务员管理规定(试行)》。

9月26日 习近平在国际刑警组织第八十六届全体大会开幕式上的主旨演讲中强调,法治是人类政治文明的重要成果,是现代社会治理的基本手段。国与国之间开展执法安全合作,既要遵守两国各自的法律规定,又要确保国际法平等统一适用,不能搞双重标准,更不能合则用、不合则弃。中国愿同各国政府及其执法机构、各国际组织一道,高举合作、创新、法治、共赢的旗帜,加强警务和安全方面合作,共同构建普遍安全的人类命运共同体。

9 月 29 日 中共中央决定给予孙政才开除党籍、开除公职处分,将其涉嫌犯罪问题及线索移送司法机关依法处理。2018 年 5 月 8 日,天津市第一中级人民法院依法对孙政才受贿案进行一审宣判,判处无期徒刑,剥夺政治权利终身,并处没收个人全部财产。

9 月 中共中央办公厅、国务院办公厅印发《领导干部自然资源资产离任审计规定(试行)》。

10 月 9 日 最高人民法院、司法部印发《关于开展刑事案件律师辩护全覆盖试点工作的办法》,在北京、上海、浙江等 8 个省(直辖市)开展为期 1 年的律师刑事辩护全覆盖试点工作。2018 年 12 月 27 日,最高人民法院、司法部发出《关于扩大刑事案件律师辩护全覆盖试点范围的通知》,将试点期限延长,工作范围扩大到全国 31 个省(自治区、直辖市)和新疆生产建设兵团。

10 月 18 日—24 日 中国共产党第十九次全国代表大会举行。大会通过的报告《决胜全面建成小康社会,夺取新时代中国特色社会主义伟大胜利》,作出中国特色社会主义进入新时代、我国社会主要矛盾已经转化为人民日益增长的美好生活需要和不平衡不充分的发展之间的矛盾等重大政治论断,确立习近平新时代中国特色社会主义思想的历史地位,提出新时代坚持和发展中国特色社会主义的基本方略,确定决胜全面建成小康社会、开启全面建设社会主义现代化国家新征程的目标。大会用"八个明确"和"十四个坚持"全面阐述了习近平新时代中国特色社会主义思想的科学内涵和实践要求。其中,将"明确全面推进依法治国总目标是建设中国特色社会主义法治体系、建设社会主义法治国家"作为"八个明确"之一;将"坚持全面依法治国"作为"十四个坚持"之一。大会同时指出,全面依法治国是国家治理的一场深刻革命,必须坚持厉行法治,推进科学立法、严格执法、公正司法、全民守法,并将"法治国家、法治政府、法治社会基本建成"确定为到2035 年基本实现社会主义现代化的奋斗目标。

大会通过《中国共产党章程(修正案)》,把习近平新时代中国特色社会主义思想同马克思列宁主义、毛泽东思想、邓小平理论、"三个代表"重要思想、科学发展观一道确立为党的指导思想并载入党章;把"中国共产党的领导是中国特色社会主义最本质的特征,是中国特色社会主义制度的最大优势。党政军民学,东西南北中,党是领导一切的"这一重大政治原则写入党章;把中国特色社会主义文化同中国特色社会主义道路、中国特色社会主义理论体系、中国特色社会主义制度一道写入党章;根据党的十九大对我国社会主要矛盾的新概括,对党章作出相应修改;把建设中国特色社会主义法治体系,推进协商民主广泛、多层、制度化发展,加强和创新社会治理,坚持总体国家安全观等内容写入党章;同时总结吸收党的十八大以来党的工作和党的建设的成功经验,并同总纲部分修改相衔接,对党章部分条文作适当修改。

随后于 10 月 25 日召开的中共十九届一中全会选举习近平为中央委员会总书记,决定习近平为中央军委主席,批准赵乐际为中央纪委书记。

10 月 25 日 中共中央办公厅印发《关于加强法官检察官正规化专业化职业化建设全面落实司法责任制的意见》。

10 月 27 日 中央政治局会议审议通过《中共中央政治局关于加强和维护党中央集中统一领导的若干规定》。指出,中央政治局要带头树立"四个意识",严格遵守党章和党内政治生活准则,全面落实党的十九大关于加强和维护党中央集中统一领导的各项要求,自觉在以习近平同志为核心的党中央集中统一领导下履行职责、开展工作,坚决维护习近平总书记作为党中央的核心、全党的核心地位。根据《规定》,中央政治局全体同志每年向党中央和习近平总书记书面述职一次。这成为加强和维护党中央集中统一领导的重要制度安排。

11 月 4 日 十二届全国人大常委会第三十次会议通过《中华人民共和国公共图书馆法》。该法于 2018 年修改。

11 月 19 日 国务院作出《关于废止〈中华人民共和国营业税暂行条例〉和修改〈中华人民共和国增值税暂行条例〉的决定》。营业税改征增值税改革全面完成。

12 月 14 日 中共中央作出《关于调整中国人民武装警察部队领导指挥体制的决定》。自 2018 年 1 月 1 日零时起,武警部队由党中央、中央军委集中统一领导,归中央军委建制,不再列国务院序列。

12 月 15 日 习近平在中共中央召开的党外人士座谈会

上讲话强调,宪法是人民的宪法,宪法修改要广察民情、广纳民意、广聚民智,充分体现人民的意志。

12月20日 中共中央印发《中国共产党党务公开条例(试行)》。

12月24日 十二届全国人大常委会第三十一次会议听取和审议全国人大常委会法制工作委员会关于十二届全国人大以来暨2017年备案审查工作情况的报告。这是全国人大常委会首次听取备案审查工作情况报告。此后,全国人大常委会每年都听取该项工作情况报告。

12月27日 十二届全国人大常委会第三十一次会议通过《关于批准〈内地与香港特别行政区关于在广深港高铁西九龙站设立口岸实施"一地两检"的合作安排〉的决定》。2018年9月4日,香港特别行政区政府宣布《广深港高铁(一地两检)条例》正式实施,广深港高铁西九龙站内地口岸区启用,以配合广深港高铁香港段于同月开通运营。

12月28日 习近平在中央农村工作会议上讲话强调,法治是乡村治理的前提和保障,要把政府各项涉农工作纳入法治化轨道,加强农村法治宣传教育,完善农村法治服务,引导干部群众尊法学法守法用法,依法表达诉求、解决纠纷、维护权益。

12月30日 中共中央印发《关于建立国务院向全国人大常委会报告国有资产管理情况制度的意见》。2018年10月,十三届全国人大常委会第六次会议审议《国务院关于2017年度国有资产管理情况的综合报告》和《国务院关于2017年度金融企业国有资产的专项报告》。这是国务院首次按照"全口径、全覆盖"要求向全国人大常委会报告国有资产管理情况。

12月 中央军委发布修订后的《中国人民解放军军事训练条例(试行)》。

2018 年

1月2日 中共中央、国务院印发《关于实施乡村振兴战略的意见》,明确提出坚持法治为本,树立依法治理理念,强化法律在维护农民权益、规范市场运行、农业支持保护、生态环境治理、化解农村社会矛盾等方面的权威地位。

1月11日 中共中央、国务院发出《关于开展扫黑除恶专项斗争的通知》。16 日,最高人民法院、最高人民检察院、公安部、司法部印发《关于办理黑恶势力犯罪案件若干问题的指导意见》。23 日,全国扫黑除恶专项斗争电视电话会议召开。到 2020 年年底,全国打掉涉黑组织 3644 个、涉恶犯罪集团 11675 个。2021 年 3 月 29 日,全国扫黑除恶专项斗争总结表彰大会举行。2021 年 5 月,中共中央办公厅、国务院办公厅印发《关于常态化开展扫黑除恶斗争巩固专项斗争成果的意见》,对常态化开展扫黑除恶斗争作出安排部署。

同日 深圳知识产权法庭一审宣判两宗标准必要专利侵权纠纷案,判令被告三星(中国)投资有限公司、惠州三星电了有限公司、天津三星通信技术有限公司、深圳市南方韵和科技有限公司 4 家公司停止侵害原告华为技术有限公司两项4G 标准必要专利技术。这是国内首例无线通信国际标准必要专利侵权案件。

1月11日—13日　十九届中央纪委二次全会召开。习近平讲话总结和阐述党的十八大以来全面从严治党的经验:坚持思想建党和制度治党相统一,坚持使命引领和问题导向相统一,坚持抓"关键少数"和管"绝大多数"相统一,坚持行使权力和担当责任相统一,坚持严格管理和关心信任相统一,坚持党内监督和群众监督相统一。到2021年1月十九届中央纪委五次全会,习近平连续四次在中央纪委全会上讲话。

1月18日—19日　中共十九届二中全会召开。全会通过《关于修改宪法部分内容的建议》。这次全会是党的历史上第一次专题研究宪法修改的中央全会。全会认为,宪法修改是国家政治生活中的一件大事,是党中央从新时代坚持和发展中国特色社会主义全局和战略高度作出的重大决策,也是推进全面依法治国、推进国家治理体系和治理能力现代化的重大举措。我国宪法必须随着党领导人民建设中国特色社会主义实践的发展而不断完善发展。这是我国宪法发展的一个显著特点,也是一条基本规律。全会提出,要贯彻科学立法、民主立法、依法立法的要求,注重从政治上、大局上、战略上分析问题,注重从宪法发展的客观规律和内在要求上思考问题,维护宪法权威性。要以这次宪法修改为契机,深入推进科学立法、严格执法、公正司法、全民守法,坚持有法可依、有法必依、执法必严、违法必究,把依法治国、依宪治国工作提高到一个新水平。

1月22日—23日　中央政法工作会议召开。会前,习近平就政法工作作出指示强调,坚持党对政法工作的绝对领导,坚持以人民为中心的发展思想,增强工作预见性、主动性,深化司法体制改革,推进平安中国、法治中国建设,加强过硬队伍建设,深化智能化建设,严格执法、公正司法,履行好维护国家政治安全、确保社会大局稳定、促进社会公平正义、保障人民安居乐业的主要任务,努力创造安全的政治环境、稳定的社会环境、公正的法治环境、优质的服务环境,增强人民群众获得感、幸福感、安全感。

2 月 24 日 十九届中央政治局就我国宪法和推进全面依法治国进行第四次集体学习。习近平在主持学习时强调,要坚持党的领导、人民当家作主、依法治国有机统一,加强宪法实施和监督,把国家各项事业和各项工作全面纳入依法治国、依宪治国的轨道,把实施宪法提高到新的水平。

2 月 26 日—28 日 中共十九届三中全会召开。习近平在全会上作《关于深化党和国家机构改革决定稿和方案稿的说明》时指出,改革和法治是两个轮子,这就是全面深化改革和全面依法治国的辩证关系;要同步考虑改革涉及的立法问题,需要制定或修改法律的要通过法定程序进行,做到在法治下推进改革,在改革中完善法治。全会通过《关于深化党和国家机构改革的决定》和《深化党和国家机构改革方案》。3月 17 日,十三届全国人大一次会议批准国务院机构改革方案。2019 年 7 月 5 日,习近平在深化党和国家机构改革总结会议上讲话指出,深化党和国家机构改革是对党和国家组织结构和管理体制的一次系统性、整体性重构,为完善和发展中国特色社会主义制度、推进国家治理体系和治理能力现代化提供了有力组织保障。

2 月 根据国家监察体制改革要求,全国检察机关查处贪污贿赂、失职渎职以及预防职务犯罪等反腐败相关职能、机构及44151名检察干警全部完成转隶。

3月2日 国务院公布《快递暂行条例》。2018年，国务院还公布了《人力资源市场暂行条例》《医疗纠纷预防和处理条例》《行政区划管理条例》《中华人民共和国消防救援衔标志式样和佩带办法》等行政法规。

3月5日—20日 十三届全国人大一次会议举行。会议选举习近平为国家主席、国家中央军委主席，栗战书为全国人大常委会委员长，决定李克强为国务院总理；选举杨晓渡为国家监察委员会主任；选举周强为最高人民法院院长，张军为最高人民检察院检察长。

会议通过《中华人民共和国宪法修正案》，确立科学发展观、习近平新时代中国特色社会主义思想在国家政治和社会生活中的指导地位；在宪法序言确定党的领导地位的基础上，又在总纲中明确规定中国共产党领导是中国特色社会主义最本质的特征，强化了党总揽全局、协调各方的领导地位；将宪法序言中的"健全社会主义法制"修改为"健全社会主义法治"；修改完善了国家主席任职方面的有关规定；确认了宪法宣誓制度；增加了有关监察委员会的各项规定，作为宪法第三章第七节；同时充实完善了设区的市制定地方性法规、爱国统一战线和民族关系、和平外交政策等方面内容。

新当选的国家主席、国家中央军委主席习近平在会上进行了宪法宣誓。这是中国国家领导人首次进行宪法宣誓，也是宪法宣誓制度实行以来首次在全国人民代表大会上面对全国人大代表举行宪法宣誓仪式。十三届全国人大一次会议产生的其他国家领导人及全国人大常委会、国务院其他组成人员，也先后在会上进行了宪法宣誓。

3月12日 习近平在出席十三届全国人大一次会议解放军和武警部队代表团全体会议时讲话指出，要加大依法治军工作力度，强化法治信仰和法治思维，加快构建中国特色军事法治体系，加快推动治军方式根本性转变。要加强同国家立法工作的衔接，突出加强备战急需、改革急用、官兵急盼的军事法规制度建设。要坚持严字当头，强化执纪执法监督，严肃追责问责，把依法从严贯穿国防和军队建设各领域全过程。

3月21日 司法部重新组建。重新组建后的司法部整合了原司法部和国务院法制办公室的职责，作为国务院组成部门。国务院法制办公室不再保留。

3月23日 中华人民共和国国家监察委员会揭牌。此前，3月20日，十三届全国人大一次会议通过《中华人民共和国监察法》。

3月26日 中共中央办公厅、国务院办公厅印发《关于建立"一带一路"国际商事争端解决机制和机构的意见》。6月29日，最高人民法院第一国际商事法庭、第二国际商事法庭分别在深圳和西安揭牌。

3月30日 中央全面依法治国委员会成立，习近平担任主任，李克强、栗战书、王沪宁担任副主任。这是党的历史上第一次设立这样的机构，目的是加强党对全面依法治国的集中统一领导，统筹推进全面依法治国工作。中央全面依法治国委员会作为党中央决策议事协调机构，负责全面依法治国的顶层设计、总体布局、统筹协调、整体推进、督促落实。中央全面依法治国委员会办公室设在司法部。

3月 3月以来,针对美国政府单方面挑起的中美经贸摩擦,中国不得不采取中止关税减让义务、加征关税等反制措施,并在互相尊重、平等互利的原则基础上进行协商,坚决捍卫国家和人民利益。9月24日,《关于中美经贸摩擦的事实与中方立场》白皮书发布。2020年1月15日,中美双方签署第一阶段经贸协议;2月13日,国务院核准《中华人民共和国政府和美利坚合众国政府经济贸易协议》。

4月2日 国家移民管理局、中华人民共和国出入境管理局挂牌仪式举行。按照《深化党和国家机构改革方案》,将公安部的出入境管理、边防检查职责整合,建立健全签证管理协调机制,组建国家移民管理局,加挂中华人民共和国出入境管理局牌子,由公安部管理。

4月8日 中共中央办公厅、国务院办公厅印发《地方党政领导干部安全生产责任制规定》。

4月11日 中共中央、国务院印发《关于支持海南全面深化改革开放的指导意见》,赋予海南经济特区改革开放新使命,建设自由贸易试验区和中国特色自由贸易港。13日,习近平在庆祝海南建省办经济特区30周年大会上讲话指出,海南要着力打造全面深化改革开放试验区、国家生态文明试验区、国际旅游消费中心、国家重大战略服务保障区,形成更高层次改革开放新格局。2020年3月20日,中共中央、国务院印发《海南自由贸易港建设总体方案》。2021年6月10日,十三届全国人大常委会第二十九次会议通过《中华人民共和国海南自由贸易港法》。

4月18日 中央宣传部、中央组织部、全国人大常委会办公厅、教育部、司法部、全国普法办联合发出《关于组织开展宪法学习宣传教育活动的通知》。提出,在全国深入开展宪法学习宣传教育活动,大力弘扬宪法精神,大力弘扬社会主义法治精神,不断增强广大干部群众宪法意识,使全体人民成为宪法的忠实崇尚者、自觉遵守者、坚定捍卫者。

4月20日 习近平在全国网络安全和信息化工作会议上讲话强调,要把依法治网作为基础性手段,继续加快制定完善互联网领域法律法规,推动依法管网、依法办网、依法上网,确保互联网在法治轨道上健康运行。

4月27日 十三届全国人大常委会第二次会议通过《中华人民共和国英雄烈士保护法》。到2021年6月,全国共有5000余处县级以上烈士纪念设施,在境外30多个国家有180余处烈士纪念设施,每年有数亿人次前往瞻仰祭扫。

4月28日 中央军委监察委员会组建,与中央军委纪律检查委员会合署办公。

5月16日 国务院办公厅发出《关于加强行政规范性文件制定和监督管理工作的通知》。这是国务院第一份对行政规范性文件的概念、制定程序、监督管理作出全面系统规定的文件。

5月18日 习近平在全国生态环境保护大会上讲话强调,要用最严格制度最严密法治保护生态环境,加快制度创新,强化制度执行,让制度成为刚性的约束和不可触碰的高压线。

5月31日 最高人民法院对张文中诈骗、单位行贿、挪用资金案再审公开宣判,宣告撤销原审判决,改判张文中无罪。该案是在全面依法治国、加强产权和企业家权益保护大背景下,人民法院落实党中央产权保护和企业家合法权益保护政策的一个"标杆"案件。

6月11日 中共中央办公厅、国务院办公厅印发《国税地税征管体制改革方案》,改革国税地税征管体制,合并省级和省级以下国税地税机构。

6月15日 国务院办公厅发出《关于做好证明事项清理工作的通知》。到2019年4月底,清理工作基本完成,各地区各部门共取消证明事项1.3万多项。

6月22日 十三届全国人大常委会第三次会议通过《关于中国海警局行使海上维权执法职权的决定》。

6月30日 根据中央关于公安现役部队改革的系列方案,公安边防部队部分力量划转解放军和武警部队交接仪式举行,完成公安边防部队部分力量和公安海警学院划转任务;10月9日,公安消防部队移交应急管理部交接仪式举行;12月25日,公安现役部队官兵集体退出现役命令宣布大会召开。2019年1月1日起,原公安警卫部队、武警学院和划转地方的公安机关边防部队、反恐特侦队、公安现役管理机构分别按转改后的新体制运行。

7月18日 最高人民法院印发《关于进一步深化家事审判方式和工作机制改革的意见(试行)》,就家事调解、家事调查、审理规程等方面提出了意见。此前,最高人民法院自2016年6月1日起开展家事审判方式和工作机制改革试点工作。

7 月 19 日　中共中央办公厅、国务院办公厅印发修订后的《中央企业领导人员管理规定》。此前,2009 年 11 月 6 日,中共中央办公厅、国务院办公厅印发《中央企业领导人员管理暂行规定》。

8 月 17 日　习近平在中央军委党的建设会议上讲话指出,要加快转变治军方式,按法定职责权限履职用权,依据条令条例和规章制度开展工作。

8 月 20 日　全国首家金融法院——上海金融法院成立。2021 年 3 月 18 日,北京金融法院成立。

8 月 24 日　中央全面依法治国委员会第一次会议召开。习近平在讲话中深刻阐述了成立中央全面依法治国委员会的重要意义,明确提出了全面依法治国新理念新思想新战略,系统部署了全面依法治国的重点任务。习近平强调,全面依法治国具有基础性、保障性作用,在统筹推进伟大斗争、伟大工程、伟大事业、伟大梦想,全面建设社会主义现代化国家的新征程上,要加强党对全面依法治国的集中统一领导,坚持以全面依法治国新理念新思想新战略为指导,坚定不移走中国特色社会主义法治道路,更好发挥法治固根本、稳预期、利长远的保障作用。中央全面依法治国委员会要管宏观、谋全局、抓大事,主动谋划和确定中国特色社会主义法治体系建设的总体思路、重点任务,做好全面依法治国重大问题的运筹谋划、科学决策,实现集中领导、高效决策、统一部署,统筹整合各方面资源和力量推进全面依法治国。

会议审议通过了《中央全面依法治国委员会工作规则》和《中央全面依法治国委员会 2018 年工作要点》,审议了《中华人民共和国人民法院组织法(修订草案)》和《中华人民共和国人民检察院组织法(修订草案)》。

同日 中共中央办公厅、国务院办公厅印发《防范和惩治统计造假、弄虚作假督察工作规定》。

8月31日 十三届全国人大常委会第五次会议通过《中华人民共和国电子商务法》。

9月8日 中央全面依法治国委员会办公室召开法学法律界专家座谈会,深入学习领会习近平总书记在中央全面依法治国委员会第一次会议上的重要讲话精神。中央全面依法治国委员会办公室主任郭声琨出席会议并讲话。

9月27日 国务院发出《关于在全国推开"证照分离"改革的通知》。2021年5月,发出《关于深化"证照分离"改革进一步激发市场主体发展活力的通知》,部署在全国范围内实施涉企经营许可事项全覆盖清单管理。

9月28日 落实中央全面依法治国委员会工作任务部署会召开。会议强调,要坚持以习近平新时代中国特色社会主义思想为指引,深入学习贯彻习近平总书记全面依法治国新理念新思想新战略,进一步增强责任感、使命感,不折不扣抓好全面依法治国各项任务落实,推动党中央决策部署落地见效。此后,中央依法治国办每年都召开工作任务部署会。

10月19日 最高人民检察院发出"一号检察建议",针对校园安全管理规定执行不严格、教职员工队伍管理不到位,以及儿童和学生法治教育、预防性侵害教育缺位等问题向教育部发出建议。

10月22日—26日 十三届全国人大常委会第六次会议

召开。会议就人民法院解决"执行难"工作情况、人民检察院加强对民事诉讼和执行活动法律监督工作情况开展专题询问。这是自2010年全国人大常委会开展专题询问以来,首次对"两高"工作开展专题询问。

会议还通过《中华人民共和国国际刑事司法协助法》和《中华人民共和国消防救援衔条例》。

10月28日 中共中央印发《中国共产党支部工作条例(试行)》。这是党历史上第一部关于党支部工作的基础主干法规,是新时代党支部建设的基本遵循。

11月1日 习近平在民营企业座谈会上讲话强调,我国基本经济制度写入了宪法、党章,这是不会变的,也是不能变的。要推进产业政策由差异化、选择性向普惠化、功能性转变,清理违反公平、开放、透明市场规则的政策文件,推进反垄断、反不正当竞争执法。要保护企业家人身和财产安全。对一些民营企业历史上曾经有过的一些不规范行为,要以发展的眼光看问题,按照罪刑法定、疑罪从无的原则处理,让企业家卸下思想包袱,轻装前进。

11月12日 习近平在会见香港、澳门各界庆祝国家改革开放40周年访问团时讲话指出,香港、澳门回归祖国后,已纳入国家治理体系。港澳同胞要按照同"一国两制"相适应的要求,完善特别行政区同宪法和基本法实施相关的制度和机制,提高管治能力和水平。

11月13日—14日 中央军委政策制度改革工作会议召开。习近平讲话强调,要深入贯彻新时代党的强军思想,以确保党对军队绝对领导为指向,以战斗力为唯一的根本的标准,以调动军事人员积极性、主动性、创造性为着力点,深化我军党的建设制度改革,创新军事力量运用政策制度,重塑军事力量建设政策制度,推进军事管理政策制度改革,建立健全中国特色社会主义军事政策制度体系。

11月14日 根据中共十九届三中全会关于深化行政执法体制改革,整合组建市场监管、生态环境保护、文化市场、交通运输和农业5支综合执法队伍的精神,中共中央办公厅、国务院办公厅印发《关于深化文化市场综合行政执法改革的指导意见》。之后,又分别印发其他4个领域深化综合行政执法改革的指导意见。

11月20日 中共中央办公厅印发《干部人事档案工作条例》。

11月29日 中共中央办公厅印发《党组讨论和决定党员处分事项工作程序规定(试行)》。

12月2日—8日 中央宣传部、司法部、全国普法办在全国部署开展首个"宪法宣传周"活动。习近平在第五个国家宪法日到来之际作出指示强调,要在全党全社会深入开展尊崇宪法、学习宪法、遵守宪法、维护宪法、运用宪法的宣传教育活动,弘扬宪法精神,树立宪法权威,使全体人民都成为社会主义法治的忠实崇尚者、自觉遵守者、坚定捍卫者。此后,"宪法宣传周"活动每年开展。

12月4日 国务院办公厅印发《关于全面推行行政规范性文件合法性审核机制的指导意见》。

12月13日 十九届中央政治局就深化国家监察体制改革进行第十一次集体学习。习近平在主持学习时强调,公权力姓公,也必须为公。只要公权力存在,就必须有制约和监督。不关进笼子,公权力就会被滥用。国家监察是对公权力最直接最有效的监督。要在新的起点上持续深化党的纪律检查体制和国家监察体制改革,促进执纪执法贯通,有效衔接司法,推进反腐败工作法治化、规范化。

12月18日　庆祝改革开放40周年大会举行。习近平讲话指出,40年来,我们始终坚持中国特色社会主义政治发展道路,不断深化政治体制改革,发展社会主义民主政治,党和国家领导体制日益完善,全面依法治国深入推进,中国特色社会主义法律体系日益健全,人民当家作主的制度保障和法治保障更加有力,人权事业全面发展,爱国统一战线更加巩固,人民依法享有和行使民主权利的内容更加丰富、渠道更加便捷、形式更加多样,掌握着自己命运的中国人民焕发出前所未有的积极性、主动性、创造性,在改革开放和社会主义现代化建设中展现出气吞山河的强大力量。

12月22日　中共中央印发《社会主义学院工作条例》。

12月28日　中共中央办公厅印发《中国共产党纪律检查机关监督执纪工作规则》。

12月29日　十三届全国人大常委会第七次会议通过《关于修改〈中华人民共和国村民委员会组织法〉〈中华人民共和国城市居民委员会组织法〉的决定》,决定将村委会、居委会的任期由3年改为5年。

12月31日　中共中央办公厅、国务院办公厅印发《关于健全行政裁决制度加强行政裁决工作的意见》和《关于完善仲裁制度提高仲裁公信力的若干意见》。

2019 年

1 月 2 日 习近平在《告台湾同胞书》发表 40 周年纪念会上发表讲话,全面回顾了对台工作和两岸关系的重大成就,深刻昭示了两岸关系发展和祖国必然统一的历史大势,郑重提出了新时代坚持"一国两制"、推进祖国和平统一的重大政策主张,深刻揭示了台湾前途命运与民族伟大复兴的内在联系,充分体现了对台湾同胞利益福祉的关心关怀,鲜明表达了坚决反对"台独"分裂、外来干涉的严正立场,是做好新时代对台工作的根本遵循和行动指南。

1 月 13 日 中共中央印发《中国共产党政法工作条例》,第一次以基础主干党内法规的形式对党领导新时代政法工作作出全面系统的制度安排。

1 月 14 日 深圳破产法庭正式揭牌成立。此后,北京、上海相继成立破产法庭。

1 月 15 日—16 日 中央政法工作会议召开。习近平讲话指出,要坚持以新时代中国特色社会主义思想为指导,坚持党对政法工作的绝对领导。要善于把党的领导和我国社会主义制度优势转化为社会治理效能,完善党委领导、政府负责、社会协同、公众参与、法治保障的社会治理体制,打造共建共治共享的社会治理格局。要旗帜鲜明把政治建设放在首位,努力打造一支党中央放心、人民群众满意的高素质政法队伍。

1 月 27 日 国务院印发《关于在市场监管领域全面推行部门联合"双随机、一公开"监管的意见》。9 月 6 日,国务院印发《关于加强和规范事中事后监管的指导意见》。

1 月 31 日 中共中央印发《中国共产党重大事项请示报告条例》。

2 月 5 日 中共中央办公厅、国务院办公厅印发《地方党政领导干部食品安全责任制规定》。

2 月 25 日 中央全面依法治国委员会第二次会议召开。习近平讲话强调,改革开放 40 年的经验告诉我们,做好改革发展稳定各项工作离不开法治,改革开放越深入越要强调法治。要完善法治建设规划,这是一件关系全面依法治国长远发展的大事。发展要高质量,立法也要高质量,要以立法高质量保障和促进经济持续健康发展。要坚持法治国家、法治政府、法治社会一体建设,其中法治政府建设是重点任务和主体工程,对法治国家、法治社会建设具有示范带动作用。法治是最好的营商环境。要把平等保护贯彻到立法、执法、司法、守法等各个环节,依法平等保护各类市场主体产权和合法权益。要加快涉外法治工作战略布局,维护我国政治安全、经济安全,维护我国企业和公民合法权益。

会议审议通过了《中央全面依法治国委员会 2018 年工作总结报告》《中央全面依法治国委员会 2019 年工作要点》《2019 年中央党内法规制定计划》《全国人大常委会 2019 年立法工作计划》《国务院 2019 年立法工作计划》《关于开展法治政府建设示范创建活动的意见》《关于全面推进海南法治

建设、支持海南全面深化改革开放的意见》《重大行政决策程序暂行条例(草案)》等文件稿。

2月28日 最高人民法院、最高人民检察院、公安部、司法部印发《关于办理恶势力刑事案件若干问题的意见》《关于办理"套路贷"刑事案件若干问题的意见》《关于办理黑恶势力刑事案件中财产处置若干问题的意见》《关于办理实施"软暴力"的刑事案件若干问题的意见》。

3月15日 十三届全国人大二次会议通过《中华人民共和国外商投资法》。该法是我国第一部外商投资领域统一的基础性法律。12月26日,国务院公布《中华人民共和国外商投资法实施条例》。

同日 中央政法委员会、最高人民法院、最高人民检察院印发《关于加强司法权力运行监督管理的意见》和《关于进一步优化司法资源配置全面提升司法效能的意见》。

3月19日 中共中央办公厅印发《公务员职务与职级并行规定》。

3月25日 最高人民法院印发《关于为深化两岸融合发展提供司法服务的若干措施》,在司法领域依法全面平等保护台湾同胞、台湾企业的合法权益。

4月4日 中共中央印发《关于废止、宣布失效和修改部分党内法规和规范性文件的决定》,决定对纳入清理范围的中央党内法规和规范性文件,废止54件,宣布失效56件,修改8件,同时对14件涉党和国家机构改革的中央党内法规作出一揽子修改。这是党的历史上第二次开展中央党内法规和规范性文件的集中清理工作。

4月7日 中共中央办公厅印发《党政领导干部考核工作条例》。

4月10日—24日 中央依法治国办会同13个中央和国家机关有关部门组成5个督察组,赴辽宁、福建、河南等省开展食品药品监管执法司法督察,推动以法治方式解决食药安全问题。2020年1月,中央依法治国办、最高人民法院、最高人民检察院、公安部、市场监管总局、国家药监局发布15例食药领域执法司法典型案例。

4月14日 国务院公布《政府投资条例》。

4月20日 国务院公布《重大行政决策程序暂行条例》,明确规定了公众参与、专家论证、风险评估、合法性审查和集体讨论决定的重大行政决策法定程序。

4月26日 习近平在第二届"一带一路"国际合作高峰论坛开幕式上发表主旨演讲,强调我们高度重视履行同各国达成的多边和双边经贸协议,加强法治政府、诚信政府建设,建立有约束的国际协议履约执行机制,按照扩大开放的需要修改完善法律法规,在行政许可、市场监管等方面规范各级政府行为,清理废除妨碍公平竞争、扭曲市场的不合理规定、补贴和做法,公平对待所有企业和经营者,完善市场化、法治化、便利化的营商环境。

4月28日 中央依法治国办印发《关于全面推进海南法治建设、支持海南全面深化改革开放的意见》。

4月 中央军委发布修订后的《中国人民解放军预防犯罪工作条例》。

5月4日 中央依法治国办印发《关于开展法治政府建

设示范创建活动的意见》。根据意见要求,全国法治政府建设示范创建活动每两年开展一次。7月,中央依法治国办启动了第一批全国法治政府建设示范创建活动。2020年7月,评选出40个综合示范地区和24个单项示范项目。

5月6日 中共中央印发《中国共产党党员教育管理工作条例》。

同日 中共中央办公厅、国务院办公厅印发《法治政府建设与责任落实督察工作规定》。

5月7日—8日 全国公安工作会议召开。习近平讲话强调,要坚持政治建警、改革强警、科技兴警、从严治警,履行好党和人民赋予的新时代职责使命,努力使人民群众安全感更加充实、更有保障、更可持续。严格规范公正文明执法是一个整体,要准确把握、全面贯彻,不能畸轻畸重、顾此失彼。执法的最好效果就是让人心服口服。要树立正确法治理念,把打击犯罪同保障人权、追求效率同实现公正、执法目的同执法形式有机统一起来,坚持以法为据、以理服人、以情感人,努力实现最佳的法律效果、政治效果、社会效果。

5月30日 中共中央办公厅、国务院办公厅印发《关于深化消防执法改革的意见》。

5月 经中央军委批准,《习近平强军思想学习纲要》印发全军,对提高国防和军队建设法治化水平作了集中阐释。

6月23日 中共中央办公厅、国务院办公厅印发《关于加快推进公共法律服务体系建设的意见》。

6月29日 习近平签署主席特赦令,根据十三届全国人大常委会第十一次会议通过的《关于在中华人民共和国成立七十周年之际对部分服刑罪犯予以特赦的决定》，对参加过抗日战争、解放战争，中华人民共和国成立以后参加过保卫国家主权、安全和领土完整对外作战等9类服刑罪犯实行特赦。本年，经人民法院依法裁定，全国共特赦服刑罪犯23593人。

同日 十三届全国人大常委会第十一次会议通过《中华人民共和国疫苗管理法》。

同日 中共中央印发《中国共产党宣传工作条例》，标志着宣传工作科学化规范化制度化建设迈上新台阶。

6月 中共中央发出《关于印发〈习近平新时代中国特色社会主义思想学习纲要〉的通知》。纲要对"全面推进依法治国——关于新时代坚持和发展中国特色社会主义的本质要求"作出专章论述。

7月14日 中央全面依法治国委员会印发《关于加强综合治理从源头切实解决执行难问题的意见》。此前，6月3日，最高人民法院发布《关于深化执行改革健全解决执行难长效机制的意见——人民法院执行工作纲要（2019—2023）》。

7月31日 最高人民法院印发《关于建设一站式多元解纷机制一站式诉讼服务中心的意见》。

8月5日 中共中央印发《中国共产党机构编制工作条例》。

8月7日 中国与其他45个国家和地区作为首批签约方签署《联合国关于调解所产生的国际和解协议公约》。该公约强化了商事争议解决领域的国际法规则，有利于促进我国多元化纠纷解决法律制度的发展。

8 月 9 日　中共中央、国务院印发《关于支持深圳建设中国特色社会主义先行示范区的意见》，明确将"法治城市示范"作为深圳的战略定位之一，要求全面提升法治建设水平，用法治规范政府和市场边界，营造稳定公平透明、可预期的国际一流法治化营商环境。

8 月 19 日　中共中央印发《中国共产党农村工作条例》。

9 月 3 日　中共中央印发《中国共产党党内法规执行责任制规定（试行）》，逐一明确了各级各类党组织和党员领导干部的执规责任，对监督考核、责任追究等提出要求。

9 月 24 日　十九届中央政治局就新中国国家制度和法律制度的形成和发展进行第十七次集体学习。习近平在主持学习时强调，新中国成立 70 年来，我们党领导人民不断探索实践，逐步形成了中国特色社会主义国家制度和法律制度，为当代中国发展进步提供了根本保障，也为新时代推进国家制度和法律制度建设提供了重要经验。全党要坚定道路自信、理论自信、制度自信、文化自信，继续沿着党和人民开辟的正确道路前进，不断推进国家治理体系和治理能力现代化。

10 月 9 日　中央政法委员会、教育部联合召开"中国政法实务大讲堂"动员部署会，全面启动中国政法实务大讲堂组织实施工作。18 日，首场专题讲座在北京大学开讲。

10 月 17 日　中共中央、国务院印发《新时代公民道德建设实施纲要》。强调坚持发挥社会主义法治的促进和保障作用，以法治承载道德理念、鲜明道德导向、弘扬美德义行，把社会主义道德要求体现到立法、执法、司法、守法之中，以法治的力量引导人们向上向善。

10月18日　中央依法治国办在全国部署开展法治政府建设督察。12月13日至21日,会同20个中央和国家机关有关部门组成督察组,对河北、山西、浙江、江西、贵州、云南、陕西、甘肃8个省开展实地督察,总结经验、发现问题、纠正偏差,推动解决法治建设领域突出问题,确保法治政府建设各项目标任务落地见效。2020年1月印发通报,公布8例实地督察中发现的地方法治建设典型经验案例。

10月22日　国务院公布《优化营商环境条例》。

10月25日　中共中央印发《中国共产党党校(行政学院)工作条例》。此前,1995年9月6日,中共中央印发《中国共产党党校工作暂行条例》;2008年9月3日,中共中央印发《中国共产党党校工作条例》。

10月26日　十三届全国人大常委会第十四次会议通过《关于国家监察委员会制定监察法规的决定》。

10月28日—31日　中共十九届四中全会召开。全会通过《关于坚持和完善中国特色社会主义制度、推进国家治理体系和治理能力现代化若干重大问题的决定》,将"坚持全面依法治国,建设社会主义法治国家,切实保障社会公平正义和人民权利"明确为我国国家制度和国家治理体系的显著优势之一。全会指出,坚持和完善中国特色社会主义制度、推进国家治理体系和治理能力现代化的总体目标是,到我们党成立一百年时,在各方面制度更加成熟更加定型上取得明显成效;到2035年,各方面制度更加完善,基本实现国家治理体系和治理能力现代化;到新中国成立一百年时,全面实现国家治理体系和治理能力现代化,使中国特色社会主义制度更加巩固、优越性充分展现。全会强调,建设中国特色社会主义法治体系、建设社会主义法治国家是坚持和发展中国特色社会主义的内在要求。

10 月 31 日 中共中央、国务院印发《新时代爱国主义教育实施纲要》。提出,强化制度和法治保障。把爱国主义精神融入相关法律法规和政策制度,体现到市民公约、村规民约、学生守则、行业规范、团体章程等的制定完善中,发挥指引、约束和规范作用。在全社会深入学习宣传宪法、英雄烈士保护法、文物保护法等,广泛开展法治文化活动,使普法过程成为爱国主义教育过程。

10 月 中央依法治国办在全国部署开展营造法治化营商环境、保护民营企业发展专项督察,围绕依法平等保护各类市场主体、政府守信践诺、涉民营企业执法司法等重点领域,督促推动解决问题。

11 月 8 日 习近平在中央军委基层建设会议上讲话强调,全面锻造听党话、跟党走的过硬基层,能打仗、打胜仗的过硬基层,法纪严、风气正的过硬基层,为推进强军事业提供坚实基础和支撑。

11 月 10 日 习近平在致中国法治国际论坛(2019)贺信中指出,推动共建"一带一路",需要法治进行保障。中国愿同各国一道,营造良好法治环境,构建公正、合理、透明的国际经贸规则体系,推动共建"一带一路"高质量发展,更好造福各国人民。

12 月 4 日 最高人民法院发布《中国法院的互联网司法》白皮书。这是中国法院发布的首部互联网司法白皮书,也是世界范围内首部介绍互联网时代司法创新发展的白皮书。

12 月 9 日—10 日 世界律师大会在广州举办。8 日,全国律协发起成立"一带一路"律师联盟,搭建"一带一路"沿线国家和地区律师交流平台。这是在中国登记注册的第一个国际性律师组织。

12 月 23 日 云南省高级人民法院对孙小果案依法公开宣判,维持昆明市中级人民法院 1998 年一审判决,并与新犯罪行所判刑罚合并,决定执行死刑。此前,15 日,涉孙小果案公职人员和重要关系人职务犯罪案一审宣判,19 名被告人分别获刑 2 年至 20 年。

12 月 28 日 十三届全国人大常委会第十五次会议通过《关于废止有关收容教育法律规定和制度的决定》《中华人民共和国基本医疗卫生与健康促进法》《中华人民共和国社区矫正法》。

12 月 30 日 中共中央印发《中国共产党国有企业基层组织工作条例(试行)》。

同日 国务院公布《保障农民工工资支付条例》。2019 年,国务院还公布了《生产安全事故应急条例》《报废机动车回收管理办法》《关于在线政务服务的若干规定》《中华人民共和国人类遗传资源管理条例》等行政法规。

2020 年

1 月 9 日　最高人民检察院印发《检察机关案件质量主要评价指标》,检察机关正式建立以"案—件比"为核心的案件质量评价指标体系。

1 月 15 日　最高人民法院印发《民事诉讼程序繁简分流改革试点方案》和《民事诉讼程序繁简分流改革试点实施办法》,正式启动为期两年的试点工作。此前,2019 年 12 月 28 日,十三届全国人大常委会第十五次会议通过《关于授权最高人民法院在部分地区开展民事诉讼程序繁简分流改革试点工作的决定》。

1 月 17 日—18 日　中央政法工作会议召开。会前,习近平就政法工作作出指示强调,要把维护国家政治安全放在第一位,继续推进扫黑除恶专项斗争,着力推进市域社会治理现代化试点,努力建设更高水平的平安中国、法治中国。各级党委要肩负起促一方发展、保一方平安的政治责任,支持政法各单位依法履行职责,选好配强政法机关领导班子,研究解决制约政法工作的体制性机制性政策性问题,深入开展政法队伍教育整顿,努力建设一支党和人民信得过、靠得住、能放心的政法队伍。

1 月　中央军委发布《军队监察工作条例(试行)》和修

订后的《军队组织编制管理条例(试行)》《军队基层建设纲要》。

2月5日 中央全面依法治国委员会第三次会议召开。习近平讲话强调,疫情防控越是到最吃劲的时候,越要坚持依法防控,在法治轨道上统筹推进各项防控工作。坚持依法防控,要始终把人民群众生命安全和身体健康放在第一位,从立法、执法、司法、守法各环节发力,切实推进依法防控、科学防控、联防联控。各级党委和政府要全面依法履行职责,坚持运用法治思维和法治方式开展疫情防控工作,在处置重大突发事件中推进法治政府建设,提高依法执政、依法行政水平。中国特色社会主义实践向前推进一步,法治建设就要跟进一步。我国社会主义法治凝聚着我们党治国理政的理论成果和实践经验,是制度之治最基本最稳定最可靠的保障。

会议审议通过了《中央全面依法治国委员会关于依法防控新型冠状病毒感染肺炎疫情、切实保障人民群众生命健康安全的意见》《关于深化司法责任制综合配套改革的意见》《关于加强法治乡村建设的意见》《行政复议体制改革方案》和关于上海市推进法治化营商环境建设情况的报告、关于推进综合行政执法体制改革情况的报告。

2月6日 最高人民法院、最高人民检察院、公安部、司法部印发《关于依法惩治妨害新型冠状病毒感染肺炎疫情防控违法犯罪的意见》。

2月25日 中央政法委员会、最高人民法院、最高人民检察院、公安部、司法部印发《关于政法机关依法保障疫情防控期间复工复产的意见》。

3月6日　中央全面依法治国委员会印发《关于加强法治乡村建设的意见》。

3月9日　中共中央办公厅印发《党委(党组)落实全面从严治党主体责任规定》。

3月28日　中共中央办公厅印发《关于深化司法责任制综合配套改革的意见》。

3月30日　中央全面依法治国委员会印发《关于加强对涉新冠肺炎疫情矛盾纠纷多元预防化解工作的意见》。

4月18日　中央全面依法治国委员会印发《行政复议体制改革方案》,强调要优化行政复议资源配置,推进相关法律法规修订工作,发挥行政复议公正高效、便民为民的制度优势和化解行政争议的主渠道作用。

5月11日　中共中央、国务院印发《关于新时代加快完善社会主义市场经济体制的意见》。

5月14日　中共中央办公厅印发《关于进一步加强法学会建设的意见》。这是第一份由中共中央办公厅印发的关于加强法学会建设的意见,对进一步加强法学会建设作出了全面部署。

5月28日　十三届全国人大三次会议通过《中华人民共和国民法典》。民法典共 7 编、1260 条,各编依次为总则、物权、合同、人格权、婚姻家庭、继承、侵权责任,以及附则。既对现行的民事法律规范进行编订纂修,又针对新情况新问题作出修改完善。这是新中国成立以来第一部以"法典"命名的法律,是新时代我国社会主义法治建设的重大成果。此前,我们党和国家先后于 1954 年、1962 年、1979 年、2001 年四次启动民法典起草编纂工作。

会议还通过《关于建立健全香港特别行政区维护国家安全的法律制度和执行机制的决定》。6月30日，十三届全国人大常委会第二十次会议通过《中华人民共和国香港特别行政区维护国家安全法》，并作出决定将其列入香港特别行政区基本法附件三，在香港特别行政区公布实施。7月，根据香港国安法规定，香港特别行政区维护国家安全委员会、中央人民政府驻香港特别行政区维护国家安全公署相继成立。

5月29日 十九届中央政治局就切实实施民法典进行第二十次集体学习。习近平在主持学习时强调，民法典在中国特色社会主义法律体系中具有重要地位，是一部固根本、稳预期、利长远的基础性法律，对推进全面依法治国、加快建设社会主义法治国家，对发展社会主义市场经济、巩固社会主义基本经济制度，对坚持以人民为中心的发展思想、依法维护人民权益、推动我国人权事业发展，对推进国家治理体系和治理能力现代化，都具有重大意义。民法典系统整合了新中国成立70多年来长期实践形成的民事法律规范，汲取了中华民族5000多年优秀法律文化，借鉴了人类法治文明建设有益成果，是一部体现我国社会主义性质、符合人民利益和愿望、顺应时代发展要求的民法典，是一部体现对生命健康、财产安全、交易便利、生活幸福、人格尊严等各方面权利平等保护的民法典，是一部具有鲜明中国特色、实践特色、时代特色的民法典。全党要切实推动民法典实施，以更好推进全面依法治国、建设社会主义法治国家，更好保障人民权益。

同日 国务院批准《全国统一行政执法证件标准样式》。

这是国务院首次对各地区各部门行政执法证件样式统一规范。

6月8日　中共中央办公厅、国务院办公厅发出《关于在国务院部门全面开展权责清单编制工作的通知》。

6月20日　十三届全国人大常委会第十九次会议通过《中华人民共和国公职人员政务处分法》。

7月1日　中央全面依法治国委员会印发《关于加强雄安新区建设法治保障的意见》。

7月5日　国务院公布《保障中小企业款项支付条例》。2020年,国务院还公布了《农作物病虫害防治条例》《化妆品监督管理条例》等行政法规。

7月13日　中共中央印发《中国共产党基层组织选举工作条例》。此前,1990年6月27日,中共中央印发《中国共产党基层组织选举工作暂行条例》。

7月13日　中央宣传部、中央组织部、中央政法委、中央网信办、全国人大常委会办公厅、教育部、司法部、全国普法办联合发出《关于加强民法典学习宣传的通知》,加强民法典重大意义的宣传教育,广泛开展民法典普法工作,让民法典走到群众身边、走进群众心里。

7月21日　习近平在企业家座谈会上讲话指出,要实施好民法典和相关法律法规,依法平等保护国有、民营、外资等各种所有制企业产权和自主经营权,完善各类市场主体公平竞争的法治环境。要依法保护企业家合法权益,加强产权和知识产权保护,形成长期稳定发展预期,鼓励创新、宽容失败,营造激励企业家干事创业的浓厚氛围。

同日　国务院发布《关于同意设立"中国人民警察节"的批复》。自 2021 年起,将每年 1 月 10 日设立为"中国人民警察节"。

7 月 28 日　最高人民检察院、国务院食品安全办、司法部等印发《关于在检察公益诉讼中加强协作配合依法保障食品药品安全的意见》。

8 月 11 日　十三届全国人大常委会第二十一次会议通过《关于香港特别行政区第六届立法会继续履行职责的决定》,维护香港特别行政区宪制秩序和法治秩序,确保香港特别行政区政府正常施政和社会有序运行。11 月 11 日,十三届全国人大常委会第二十三次会议通过《关于香港特别行政区立法会议员资格问题的决定》,为规范和处理香港特别行政区立法会议员资格问题立规明矩。

会议还通过《关于授权国务院在粤港澳大湾区内地九市开展香港法律执业者和澳门执业律师取得内地执业资质和从事律师职业试点工作的决定》。10 月 5 日,国务院办公厅就此印发试点办法。

8 月 26 日　习近平在向中国人民警察队伍授旗并致训词时强调,新的历史条件下,我国人民警察要对党忠诚、服务人民、执法公正、纪律严明,全心全意为增强人民群众获得感、幸福感、安全感而努力工作,坚决完成党和人民赋予的使命任务。

8 月 28 日　习近平在中央第七次西藏工作座谈会上讲话强调,做好西藏工作,必须坚持中国共产党领导、中国特色社会主义制度、民族区域自治制度,必须坚持治国必治边、治边先稳藏的战略思想,必须把维护祖国统一、加强民族团结作为西藏工作的着眼点和着力点,必须坚持依法治藏、富民兴藏、长期建藏、凝聚人心、夯实基础的重要原则,必须统筹国内国际两个大局,必须把改善民生、凝聚人心作为经济社会发展的出发点和落脚点,必须促进各民族交往交流交融,必须坚持我国宗教中国化方向、依法管理宗教事务,必须坚持生态保护第一,必须加强党的建设特别是政治建设。

同日 最高人民法院、最高人民检察院、公安部印发《关于依法适用正当防卫制度的指导意见》,对依法适用正当防卫制度涉及的相关问题作出系统规定。

9月14日 中欧双方签署中欧地理标志保护与合作协定。该协定是中国对外商签的第一个全面的、高水平的地理标志协定。2021年3月1日,该协定正式生效。

9月17日 国务院常务会议确定推进与企业发展、群众生活密切相关的高频事项"跨省通办"的措施。24日,国务院办公厅印发《关于加快推进政务服务"跨省通办"的指导意见》,提出140项"跨省通办"事项清单。

9月19日 经国务院批准,商务部公布《不可靠实体清单规定》。

9月21日 习近平在联合国成立75周年纪念峰会上讲话强调,联合国宪章宗旨和原则是处理国际关系的根本遵循,也是国际秩序稳定的重要基石,必须毫不动摇加以维护。各国关系和利益只能以制度和规则加以协调,不能谁的拳头大就听谁的。大国更应该带头做国际法治的倡导者和维护者,遵信守诺,不搞例外主义,不搞双重标准,也不能歪曲国际法,以法治之名侵害他国正当权益、破坏国际和平稳定。

9月25日 习近平在第三次中央新疆工作座谈会上讲话强调,要完整准确贯彻新时代党的治疆方略,牢牢扭住新疆工作总目标,依法治疆、团结稳疆、文化润疆、富民兴疆、长期建疆,努力建设团结和谐、繁荣富裕、文明进步、安居乐业、生态良好的新时代中国特色社会主义新疆。

同日 中央依法治国办在全国部署开展党政主要负责人履行推进法治建设第一责任人职责及法治政府建设督察。11月4日至10日,会同24个中央和国家机关有关部门组成督察组,对上海、内蒙古、黑龙江、江苏、山东、广西、海南、青海8个省(自治区、直辖市)开展实地督察,总结经验、发现问题、纠正偏差,督促"关键少数"特别是党政主要负责人切实履行推进法治建设第一责任人职责,加快推动法治政府建设各项目标任务落地见效。2021年2月印发通报,公布8例实地督察中发现的地方法治建设典型经验案例。

9月30日 中共中央印发《中国共产党中央委员会工作条例》,把"坚持党对一切工作的领导,确保党中央集中统一领导"作为中央委员会开展工作必须把握的第一条原则。这是坚持和完善党的领导制度体系的关键之举,是强化"两个维护"制度保障的标志性成果。

9月 经党中央、中央军委批准,《中国共产党军队党的建设条例》颁布施行。

10月17日 十三届全国人大常委会第二十二次会议通过《中华人民共和国生物安全法》和《中华人民共和国出口管制法》。

10 月 26 日—29 日　中共十九届五中全会召开。全会通过《关于制定国民经济和社会发展第十四个五年规划和二〇三五年远景目标的建议》。全会将"国家治理效能得到新提升,社会主义民主法治更加健全"作为"十四五"时期经济社会发展主要目标之一,并将"基本实现国家治理体系和治理能力现代化,人民平等参与、平等发展权利得到充分保障,基本建成法治国家、法治政府、法治社会"作为到 2035 年基本实现社会主义现代化远景目标之一。

10 月 27 日　国务院办公厅印发《关于全面推行证明事项和涉企经营许可事项告知承诺制的指导意见》。

11 月 10 日　平安中国建设工作会议召开。会前,习近平作出指示强调,要落实总体国家安全观,坚持共建共治共享方向,聚焦影响国家安全、社会安定、人民安宁的突出问题,深入推进市域社会治理现代化,深化平安创建活动,加强基层组织、基础工作、基本能力建设,全面提升平安中国建设科学化、社会化、法治化、智能化水平,不断增强人民群众获得感、幸福感、安全感。

11 月 11 日　十三届全国人大常委会第二十三次会议通过《中华人民共和国退役军人保障法》。

11 月 15 日　中国与东盟十国及日本、韩国、澳大利亚、新西兰共同签署《区域全面经济伙伴关系协定》。

11 月 16 日—17 日　中央全面依法治国工作会议召开。习近平讲话指出,推进全面依法治国,要坚持党对全面依法治国的领导;坚持以人民为中心;坚持中国特色社会主义法治道路;坚持依宪治国、依宪执政;坚持在法治轨道上推进国家治理体系和治理能力现代化;坚持建设中国特色社会主义法治体系;坚持依法治国、依法执政、依法行政共同推进,法治国家、法治政府、法治社会一体建设;坚持全面推进科学立法、严格执法、公正司法、全民守法;坚持统筹推进国内法治和涉外法治;坚持建设德才兼备的高素质法治工作队伍;坚持抓住领导干部这个"关键少数"。

这是党中央第一次召开全面依法治国的工作会议。会议最重要的成果就是确立了习近平法治思想在全面依法治国工作中的指导地位。这是我国社会主义法治建设进程中具有重大现实意义和深远历史意义的大事。习近平法治思想内涵丰富、论述深刻、逻辑严密、系统完备,从历史和现实相贯通、国际和国内相关联、理论和实际相结合上,深刻回答了新时代为什么实行全面依法治国、怎样实行全面依法治国等一系列重大问题,是顺应实现中华民族伟大复兴时代要求应运而生的重大理论创新成果,是马克思主义法治理论中国化的最新成果,是中国特色社会主义法治理论的重大创新发展,是习近平新时代中国特色社会主义思想的重要组成部分,是新时代全面依法治国的根本遵循和行动指南。

11月30日 十九届中央政治局就加强我国知识产权保护工作进行第二十五次集体学习。习近平在主持学习时强调,知识产权保护工作关系国家治理体系和治理能力现代化,关系高质量发展,关系人民生活幸福,关系国家对外开放大局,关系国家安全。全面建设社会主义现代化国家,必须从国家战略高度和进入新发展阶段要求出发,全面加强知识产权保护工作,促进建设现代化经济体系,激发全社会创新活力,推动构建新发展格局。

12月1日 中共中央印发《法治中国建设规划（2020—2025年）》。规划以中国特色社会主义法治体系"五大体系"为主体框架，围绕"五大体系"作出具体部署安排，把中国特色社会主义法治体系的"总抓手"作用落细落实，突出统筹性、全面性、保障性、创新性。这是新中国成立以来第一部关于法治中国建设的专门规划，是新时代推进全面依法治国的纲领性文件，是"十四五"时期统筹推进法治中国建设的总蓝图、路线图、施工图。

同日 中共中央印发《法治社会建设实施纲要（2020—2025年）》，从推动全社会增强法治观念、健全社会领域制度规范、加强权利保护、推进社会治理法治化、依法治理网络空间五个方面明确了当前法治社会建设的重点内容，作出具体部署。

12月9日 经国务院同意，财政部、司法部印发《综合行政执法制式服装和标志管理办法》。这是国务院首次对生态环境保护、交通运输、农业、文化市场、应急管理、市场监管等综合行政执法制式服装和标志进行统一规范。

12月11日 十九届中央政治局就切实做好国家安全工作进行第二十六次集体学习。习近平在主持学习时，就贯彻总体国家安全观提出十点要求，进一步丰富和发展了我们党对复杂严峻形势下做好国家安全工作的规律性认识，为新时代国家安全工作提供了行动指南和根本遵循。

12月16日 中共中央、国务院印发《关于实现巩固拓展脱贫攻坚成果同乡村振兴有效衔接的意见》。2021年4月29

日,十三届全国人大常委会第二十八次会议通过《中华人民共和国乡村振兴促进法》。

12 月 18 日 最高人民法院、最高人民检察院、公安部、司法部印发《关于依法惩治非法野生动物交易犯罪的指导意见》。

12 月 26 日 十三届全国人大常委会第二十四次会议通过《中华人民共和国长江保护法》。这是首部全国性流域法律。

会议还通过《中华人民共和国刑法修正案(十一)》,对刑事责任年龄相关规定作出调整,并新增袭警罪、高空抛物罪、冒名顶替罪和侵害英雄烈士名誉、荣誉罪等罪名。

12 月 28 日 国家监察委员会与最高人民法院、最高人民检察院、公安部印发《关于加强和完善监察执法与刑事司法衔接机制的意见(试行)》。

12 月 30 日 最高人民法院召开贯彻实施民法典全面完成司法解释清理和首批司法解释新闻发布会,通报最高人民法院已完成司法解释全面清理和首批民法典司法解释的制定工作,对新中国成立以来至 2020 年 5 月 28 日的 591 件司法解释及相关规范性文件进行全面清理,废止 116 件,修改 111 件,制定与民法典配套的第一批司法解释 7 件,于 2021 年 1 月 1 日与民法典同步施行。到 2021 年 6 月,最高人民法院、最高人民检察院共发布现行有效司法解释 573 件。

12 月 31 日 海南自由贸易港知识产权法院成立。此前,12 月 26 日,十三届全国人大常委会第二十四次会议通过《关于设立海南自由贸易港知识产权法院的决定》。

12 月　中央党史和文献研究院编辑的习近平《论坚持全面依法治国》一书,由中央文献出版社出版,在全国发行。全书收入党的十八大以来习近平关于坚持全面依法治国的文稿共 54 篇。

2021 年（1 月—7 月）

1 月 1 日 行政法规库在司法部官网上线运行。

1 月 4 日 中共中央、国务院印发《关于全面推进乡村振兴加快农业农村现代化的意见》，首次对培育农村学法用法示范户作出部署，推动提升农民群众法治素养。

1 月 9 日 经国务院批准，商务部公布《阻断外国法律与措施不当域外适用办法》。

1 月 9 日—10 日 中央政法工作会议召开。会前，习近平就政法工作作出指示强调，2021 年是"十四五"开局之年，各级政法机关要认真贯彻党的十九届五中全会和中央全面依法治国工作会议精神，更加注重系统观念、法治思维、强基导向，切实推动政法工作高质量发展。

1 月 14 日 人民法院律师服务平台正式上线，可为律师提供 35 项在线诉讼服务。此前，2020 年 12 月 16 日，最高人民法院、司法部印发《关于为律师提供一站式诉讼服务的意见》。

1 月 22 日 十三届全国人大常委会第二十五次会议通过《中华人民共和国海警法》。

1 月 26 日 国务院公布《防范和处置非法集资条例》。到 6 月底，国务院还公布了《行政事业性国有资产管理条例》

《医疗保障基金使用监督管理条例》《排污许可管理条例》等行政法规。

同日 中央全面依法治国委员会印发《关于切实加强党政机关法律顾问工作充分发挥党政机关法律顾问作用的意见》。

2月16日 中央全面依法治国委员会印发《关于党政主要负责人履行推进法治建设第一责任人职责情况列入年终述职内容工作的意见》。

2月22日 中共中央印发《关于开展全国政法队伍教育整顿的意见》，决定自2月底至10月底，在全国政法系统集中开展政法队伍教育整顿。27日，全国政法队伍教育整顿动员部署会议召开。教育整顿期间，全国运用"四种形态"处理处分政法干警24万人；9.6万名干警主动向组织说明问题，2.3万名干警主动投案；整改"六大顽瘴痼疾"问题案件79.6万件；选树一大批政法先进典型；研究制定正风肃纪、暖警爱警等24项制度机制。

2月24日 国家法律法规数据库正式开通。到2021年6月，共收录宪法和现行有效法律282件，法律解释25件，行政法规610件，地方性法规、自治条例和单行条例、经济特区法规12000余件。

3月4日 最高人民法院召开新闻发布会宣布，人民法院一站式多元解纷和诉讼服务体系基本建成，诉讼服务迈入现代化发展新阶段。

3月11日 十三届全国人大四次会议批准《中华人民共和国国民经济和社会发展第十四个五年规划和2035年远景

目标纲要》,专章对全面推进依法治国作出部署安排、提出任务举措。

会议还通过《关于完善香港特别行政区选举制度的决定》,对香港特别行政区选举制度作出新的宪制性制度安排。3月30日,十三届全国人大常委会第二十七次会议审议通过修订后的《中华人民共和国香港特别行政区基本法附件一香港特别行政区行政长官的产生办法》、修订后的《中华人民共和国香港特别行政区基本法附件二香港特别行政区立法会的产生办法和表决程序》,完善行政长官产生办法和立法会产生办法,为"爱国者治港"提供坚实稳固、安全可靠的法治保障。

3月19日 中共中央办公厅印发《中国共产党组织处理规定(试行)》。

3月26日 中共中央办公厅、国务院办公厅印发《关于加强社会主义法治文化建设的意见》。

3月27日 中共中央印发《关于加强对"一把手"和领导班子监督的意见》。

3月 中央军委发布《中国共产党军队委员会政法委员会工作规定(试行)》和修订后的《中国共产党军队纪律检查委员会工作规定》。

4月9日 国务院办公厅印发《中国反对拐卖人口行动计划(2021—2030年)》。

4月10日 市场监管总局依法对阿里巴巴集团控股有限公司在中国境内网络零售平台服务市场实施"二选一"的垄断行为作出行政处罚,责令其停止违法行为,并处以其

2019 年中国境内销售额 4%、计 182.28 亿元的罚款。

4 月 22 日 最高人民法院印发《人民法院知识产权司法保护规划(2021—2025 年)》。

同日 中央宣传部、中央网信办、全国人大常委会法工委、最高人民法院、最高人民检察院、教育部、司法部、全国普法办、中国法学会印发《"美好生活·民法典相伴"主题宣传方案》,明确在每年 5 月组织开展民法典宣传月活动。

4 月 28 日 中共中央、国务院印发《关于加强基层治理体系和治理能力现代化建设的意见》。

4 月 29 日 十三届全国人大常委会第二十八次会议通过《中华人民共和国反食品浪费法》。

5 月 22 日 中共中央印发《中国共产党组织工作条例》。

5 月 25 日 中央全面依法治国委员会印发《关于支持深圳建设中国特色社会主义法治先行示范城市的意见》。

5 月 26 日—27 日 由最高人民法院、联合国环境规划署共同主办的世界环境司法大会在昆明举行。26 日,习近平致贺信指出,中国持续深化环境司法改革创新,积累了生态环境司法保护的有益经验;中国愿同世界各国、国际组织携手合作,共同推进全球生态环境治理。会议通过《世界环境司法大会昆明宣言》。

5 月 31 日 南京市建邺区人民法院以侵害英雄烈士名誉、荣誉罪判处被告人仇某某有期徒刑 8 个月,并责令其公开赔礼道歉,消除影响。此前,仇某某发布微博歪曲卫国成边官兵的英雄精神,侵害英雄烈士名誉、荣誉,被公安机关立案侦查。这是全国首例侵害英雄烈士名誉、荣誉案。

6月10日 十三届全国人大常委会第二十九次会议通过《中华人民共和国数据安全法》《中华人民共和国军人地位和权益保障法》《中华人民共和国反外国制裁法》。

会议还通过《关于授权上海市人民代表大会及其常务委员会制定浦东新区法规的决定》。到2021年6月，我国立法体制中已形成"经济特区法规""海南自由贸易港法规""浦东新区法规"三种类型的特殊地方立法，为实行高水平对外开放、开拓合作共赢新局面提供有力法治支撑。

6月15日 中共中央印发《关于加强新时代检察机关法律监督工作的意见》。

6月16日 最高人民法院印发《人民法院在线诉讼规则》。这是我国第一件关于在线诉讼活动法律效力和运行机制的司法解释。

6月26日 中共中央印发《中国共产党党徽党旗条例》。这是党的历史上第一部关于党徽党旗的基础主干党内法规，是党徽党旗制作、使用、管理的基本遵循。此前，1996年9月21日，中共中央办公厅印发《中国共产党党旗党徽制作和使用的若干规定》。

同日 经党中央批准，中国法学会成立习近平法治思想研究中心。

6月28日 中俄两国元首发表联合声明，正式宣布《中俄睦邻友好合作条约》延期。此前，2001年7月16日，中国和俄罗斯签署《中俄睦邻友好合作条约》，将两国世代友好、合作共赢的和平思想和永做好邻居、好朋友、好伙伴的坚定意愿以法律形式加以确定。

同日　中央纪委国家监委有关负责同志在庆祝中国共产党成立 100 周年活动新闻中心举办的第二场新闻发布会上介绍,2012 年 12 月至 2021 年 5 月,纪检监察机关共立案审查调查省部级以上领导干部 392 人、厅局级干部 2.2 万人、县处级干部 17 万余人、乡科级干部 61.6 万人;查处落实中央八项规定精神不力问题、"四风"问题 62.65 万起。

　　7 月 1 日　庆祝中国共产党成立 100 周年大会举行。习近平代表党和人民庄严宣告,经过全党全国各族人民持续奋斗,我们实现了第一个百年奋斗目标,在中华大地上全面建成了小康社会,历史性地解决了绝对贫困问题,正在意气风发向着全面建成社会主义现代化强国的第二个百年奋斗目标迈进。这是中华民族的伟大光荣! 这是中国人民的伟大光荣! 这是中国共产党的伟大光荣! 习近平讲话强调,初心易得,始终难守。以史为鉴,可以知兴替。我们要用历史映照现实、远观未来,从中国共产党的百年奋斗中看清楚过去我们为什么能够成功、弄明白未来我们怎样才能继续成功,从而在新的征程上更加坚定、更加自觉地牢记初心使命、开创美好未来。回首过去,展望未来,有中国共产党的坚强领导,有全国各族人民的紧密团结,全面建成社会主义现代化强国的目标一定能够实现,中华民族伟大复兴的中国梦一定能够实现。

责任编辑：任　民　谢　志
封面设计：林芝玉　汪奇峰
责任校对：吕　飞　杨锦华

图书在版编目（CIP）数据

中国共产党百年法治大事记:1921年7月—2021年7月/中央全面依法
　治国委员会办公室　著. —北京:人民出版社:法律出版社,2022.4
ISBN 978 - 7 - 01 - 024711 - 3

Ⅰ.①中…　Ⅱ.①中…　Ⅲ.①社会主义法制-建设-大事记-中国-
　1921-2021　Ⅳ.①D920.0

中国版本图书馆 CIP 数据核字(2022)第 059864 号

中国共产党百年法治大事记
ZHONGGUO GONGCHANDANG BAINIAN FAZHI DASHIJI
(1921 年 7 月—2021 年 7 月)

中央全面依法治国委员会办公室　著

人民出版社
法律出版社 出版发行
(100706　北京市东城区隆福寺街 99 号)

北京汇林印务有限公司印刷　新华书店经销

2022 年 4 月第 1 版　2022 年 4 月北京第 1 次印刷
开本:635 毫米×927 毫米 1/16　印张:21.5
字数:221 千字

ISBN 978 - 7 - 01 - 024711 - 3　定价:48.00 元

邮购地址 100706　北京市东城区隆福寺街 99 号
人民东方图书销售中心　电话 (010)65250042　65289539